运动训练学教程

周 琪◎主编

吉林出版集团股份有限公司
全国百佳图书出版单位

图书在版编目（CIP）数据

运动训练学教程/周琪主编.
-- 长春:吉林出版集团股份有限公司,2022.10
ISBN 978-7-5731-2589-7

Ⅰ.①运… Ⅱ.①周… Ⅲ.①运动训练—教材 Ⅳ.①G808.1

中国版本图书馆CIP数据核字(2022)第200658号

运动训练学教程
YUNDONG XUNLIANXUE JIAOCHENG

主　　编	周琪
出 版 人	吴　强
责任编辑	尤　蕾
助理编辑	张　梦
装帧设计	博健文化
开　　本	787mm×1092mm　1/16
印　　张	13.25
字　　数	285千字
版　　次	2022年10月第1版
印　　次	2023年4月第1次印刷
出　　版	吉林出版集团股份有限公司
发　　行	吉林音像出版社有限责任公司
	（吉林省长春市南关区福祉大路5788号）
电　　话	0431-81629667
印　　刷	三河市嵩川印刷有限公司

ISBN 978-7-5731-2589-7　　　定　价　50.00元

如发现印装质量问题，影响阅读，请与出版社联系调换。

前　言

体育运动来源于人们的生产和生活实践。经过长期的演变与发展，体育运动的内涵不断丰富，逐渐衍生出了众多的运动项目，而要想提高某个运动项目的技能水平，就必须坚持长期的训练。体育运动训练就是一个促进身体素质发展，提高其技战术运用能力的过程。运动员在进行运动训练时，首先应掌握运动训练的基本理论。由于体育运动项目众多，不同的运动项目有不同的技战术特点，这就使得各运动项目的训练也各有其特点。

运动训练的目的就是为了让运动员通过科学、合理的训练，可以有效地提高自己的运动水平以及在比赛中取得良好的成绩。近年来，随着科学技术的不断进步与发展，提高运动训练的有效性对于专业的运动员来讲是至关重要的。在训练时要把将运动员的最高状态发掘出来作为最终目的，还要把各个阶段的不同特性作为考虑因素，详细地计划出一个有针对性的训练模式，按照计划有原则、有步骤地进行训练，进而达到高质量、高效率的目标。

体育运动的竞技化、职业化和商业化发展促进了运动员运动水平的不断提高，一些新的训练理念和新的训练方法也被不断应用于体育运动训练之中。运动员要想提高自身的运动水平，就需要坚持科学的训练理论的指导，坚持进行运动训练。现阶段，我国的体育运动发展水平较高，在一些国际大赛上取得了不错的成绩。要想实现体育运动水平的持续提高，应注重各项目运动训练水平的提高，探索体育运动科学训练理论与方法的应用。

本教材在编写过程当中，充分地考虑了现代运动训练理论与方法的实践结合，探讨了每一项运动训练的具体教程并且对运动训练的安全防护也给予了补充说明，本书既可作为高等体育院校全日制运动训练专业教材，又可作为函授运动训练专业和各类非学历教育的教练员及运动队管理干部的自学教材和读物。

目 录

❖ 第一章　运动训练学的基础理论 …………………………………… 1

第一节　运动训练学概述 ……………………………………………… 1
第二节　运动训练理论 ………………………………………………… 6
第三节　运动训练原则 ………………………………………………… 11
第四节　运动训练方法 ………………………………………………… 15
思考题 …………………………………………………………………… 20

❖ 第二章　运动基础竞技能力训练 …………………………………… 21

第一节　体能训练 ……………………………………………………… 21
第二节　技术能力训练 ………………………………………………… 33
第三节　心理能力训练 ………………………………………………… 38
第四节　智能训练 ……………………………………………………… 46
思考题 …………………………………………………………………… 50

❖ 第三章　运动战术及其训练 ………………………………………… 51

第一节　运动战术训练概述 …………………………………………… 51
第二节　战术方案及其制订 …………………………………………… 54
第三节　战术训练及其要求 …………………………………………… 56
思考题 …………………………………………………………………… 61

❖ 第四章　田径运动训练 ……………………………………………… 62

第一节　田径运动概述 ………………………………………………… 62
第二节　跑训练 ………………………………………………………… 65
第三节　跳跃训练 ……………………………………………………… 77

  第四节 投掷训练 ······ 81
  思考题 ······ 90

❖ 第五章 球类运动训练 ······ 91

  第一节 足球运动训练 ······ 91
  第二节 篮球运动训练 ······ 104
  第三节 排球运动训练 ······ 121
  第四节 乒乓球运动训练 ······ 128
  第五节 羽毛球运动训练 ······ 136
  第六节 网球运动训练 ······ 145
  思考题 ······ 152

❖ 第六章 传统与时尚体育运动训练 ······ 153

  第一节 武术运动训练 ······ 153
  第二节 搏击运动训练 ······ 161
  第三节 街舞运动训练 ······ 167
  第四节 形体训练 ······ 170
  思考题 ······ 174

❖ 第七章 其他休闲运动训练 ······ 175

  第一节 冰雪运动 ······ 175
  第二节 山地运动 ······ 190
  第三节 野外生存 ······ 195
  思考题 ······ 203

❖ 参考文献 ······ 204

第一章 运动训练学的基础理论

任务导入

从1896年第一届奥运会开始，现代竞技体育就和运动训练结下了不解之缘。随着竞技体育的发展，人们也越来越认识到运动训练理论在竞技体育中的作用。当我们站在历史的高度回顾竞技体育发展历程的时候，我们可以看到，运动训练学与竞技体育始终形影相随，运动训练学成为竞技体育更高、更快、更强的强劲动力。

学习大纲

1. 了解什么是运动训练学。
2. 掌握运动训练理论知识。
3. 学习运动训练原则与方法。

第一节 运动训练学概述

一、运动训练学的发展历程

运动训练理论与竞技体育并不是同步发展的，而是在竞技运动发展到一定限度，竞争日趋激烈，传统的经验式训练已不足以满足竞技运动需要时产生的。

我国运动训练学的发展始于20世纪50年代，但在1966年之前，主要处于运动训练学的萌芽时期。这一阶段主要通过一些文献译著及整理外国专家来华讲稿等途径，逐步引进了一些单项训练理论。在受到国外研究的影响、冲击及国外运动训练学论著不断问世的背景下，我国一些学者也开始超越专项理论的束缚，探索运动训练方法、过程及负荷的基本规律。在此期间，提出了"三从一大"的训练原则，运动训练理论开始向科学系统的方向发展。

二、运动训练学的基本理论框架

在项群训练理论未建立健全并被引进运动训练之前，运动训练学的研究主要从两个层次展开：一般训练理论和专项训练理论。

运动训练理论首先源于各个专项训练实践和专项训练理论。一般训练理论是专项训练理论发展到高级水平的必然产物，是从各专项训练理论中总结出带有广泛适用性的共性规律，并使其上升为对不同项目的运动训练活动具有普遍指导意义的理论，它的形成和发展促进运动训练实践和专项训练理论更进一步的提高和发展。我们所谈及的"运动训练学"，通常即指这种阐明运动训练基础理论和训练过程中带有共性及普遍性问题的理论体系，即一般训练理论（一般训练学）。主要内容包括：运动训练概述、运动训练的原理和原则、运动训练方法和手段、体能训练、技战术及心理训练、运动训练计划、运动训练的管理等。

在项群训练理论建立并被引进运动训练学之后，运动训练理论的研究领域就由原来的两个层次拓展到了三个层次。项群训练理论的提出，成为联系一般训练理论和专项训练理论的纽带和桥梁。加强了一般训练理论与专项训练理论的互动，使"运动训练学"从指导运动训练实践的上层理论变得更为具体和实用。项群训练理论的引入，充实了运动训练学的内容体系，使其更加丰满和科学。然而，项群训练理论的引入，并没有从根本上触动和改变运动训练学的结构体系，它只是对原有运动训练学做了内容上的扩充。一般训练理论与现代高速发展的竞技体育之间的矛盾已经在很多方面突现出来，我们不断面临着一些尴尬的局面。因此，项群训练理论对现代训练理论所带来的冲击还远没有结束，对运动训练学理论体系（内容体系和结构体系）的重新调整和构建将是现代竞技运动对我们提出的新的挑战。

三、对运动训练学发展过程中若干问题的反思

（一）"周期训练"理论的反思

竞技状态发展的阶段性是运动训练分期的自然基础，运动竞技状态的发展分获得、保持和消失三个阶段，呈周期性的"按顺序不断交替"，并在更高的基础上重复出现。因此，"训练周期"也相应地有三个时期：训练期、竞赛期、过渡期。同时也指出，训练和恢复在训练中表现出周期性。最基本的环节是"小周期"，从准备和实现一个主要比赛目标再过渡到下一轮，这样一个完整的过程，就表现为一个"大周期"。在大周期和小周期之间，

由"中周期"进行衔接,在大周期之上,还有"全周期"。训练过程的控制是由不同层次的"训练周期"组织实现的。

目前,"周期训练"理论的内容依然占据运动训练学的主要部分,作为运动训练学重要内容的训练计划,就是主要针对"周期训练"理论来进行的。可以说,"周期训练"是训练计划制订和控制的核心,而作为运动训练计划,更对运动训练的阶段划分、内容、方法、手段、训练目标起到界定的作用。"周期训练"理论在运动训练中的广泛应用,曾经对运动训练的科学化起到了非常重要的作用。由此而取得的成绩也是有目共睹的,其可行性无论从理论上还是实践上都得到了一定的检验。但前面我们也说过,运动训练是一个不断发展、不断提高的过程,作为其理论支撑的运动训练学也需要不断地被检验、被验证。运动训练理论的发展本身就是一个螺旋上升,甚至迂回发展的过程。因此,在竞技体育高速发展并且多样化的今天,"周期训练"理论与现代竞技体育的矛盾也日益呈现,"周期训练"理论的科学性甚至也受到了质疑。那么"周期训练"观点是否科学?是否需要变革?这都是值得我们反思的问题。目前的问题集中在以下几个方面。

第一,一个训练模式必须建立在运动基础理论的基础上,运动基础理论将从人体运动的生理、生化机制和运动力学特征等方向支持并解释训练理论的科学性,而"周期训练"理论是在缺乏严格控制的研究和实验条件下提出来的。这些学者从学科科学化发展的角度来分析是无可非议的,但我们应该看到运动训练中的许多新理论、新技术的产生都是在实践中不断总结并被应用,最终才被验证并升华为理论的。在大量项目实践的基础上总结出的"周期训练"理论,显然也不是凭空臆造的,在其后的实践应用中,这一理论也得到了一定的验证。当然,经验上升为理论必须采用科学方法、手段和科学理论进行反复验证才能成为真正意义上的科学理论,现在已经有学者在做这方面的尝试。所以,当"周期训练"理论在实际应用中遭遇败绩后,被人们质疑也是在所难免的。毕竟科学化需要一个过程,在这期间,我们应以科学、客观的态度看待"周期训练"理论,而不能全盘否定。

第二,现代竞技体育的比赛与以往相比,已经发生了巨大的变化。不要说篮球、足球这些项目,就连田径、游泳的赛制也发生了很大变化。

比赛次数明显增加,而且赛期分布全年。NBA、英超、中超、德甲球员的比赛更是成为生活的重要部分。"周期训练"理论中的周期似乎已被现有赛制分割和瓦解,再按照"一般训练与专项训练""负荷量和负荷强度"在训练周期理论中的那种界定进行运动训练的安排,显然已不能适应目前高强度、高频率、时间不确定的赛制的具体情况。

第三,忽视了训练过程中的系统性、完整性,"周期训练"理论把训练过程划分成全年训练周期、阶段训练周期、周训练周期，甚至更小的训练周期。首先，在划分前没有考虑运动员个体在训练中的生理、心理、技战术等实际变化和发展特点，而前期的预测显然是非常困难的。因此，运动训练过程被分割成若干个阶段，而每一个阶段的发展似乎只是一个直线发展过程，而实际的训练过程应根据运动员个体适时地安排并调整训练，这是一个螺旋发展过程，在一定限度上打破了周期划分的界限，表现出时间为主线而非周期性变化的特点。

我们如何看待和应用"周期训练"理论？首先，应以发展的而非教条的眼光去应用"周期训练"。"周期训练"的提出并没有让大家"墨守成规"地应用，只是我们自己没能打破思想上的桎梏。"周期训练"理论对于目前的运动训练，更大的意义应该是一种训练思想，我们应该汲取其精华。从宏观上讲，训练的整个过程还是有周期性规律的，但不能在训练的全过程都陷于"周期训练"的框架之中。其次，就是引入新的理念、新的思路。对于目前的情况，我们完全可以跳出周期的概念，应用目前兴起的时间学理论来重新阐释"周期训练"理论。周期本来就是时间的一种表现，运动训练与时间紧密相连，因此，借助新的理念，"周期训练"理论才能得以重获新生。最后，重视多学科的综合应用。这点已被大家所认同，但在实际操作时，往往孤立了各学科间的联系，很多研究重复进行，研究成果也不能共享，造成认识上的偏差和不统一。

（二）对"竞技状态"的反思

目前对竞技状态的定义是"运动员达到优异成绩所处的最适宜的准备状态"，或"当负荷维持在高水平上，机体的工作能力和训练限度也稳定在较高水平上的一种状态"。判断"竞技状态"的标准最终是要依靠训练计划中各种指标及任务的完成来衡量。现在"竞技状态"被人为划分成"形成、保持、消失"三个过程，似乎与训练表现的具体情况很难一致起来。所以，"竞技状态"这一沿用了多年的概念，其内涵应该发生改变，如果这一概念的存在体现了"运动员适应比赛，创造优异成绩"的一种综合能力的整体表现，那么是可以理解的。但若还将"形成、保持、消失"作为其主要内涵，让其承载概念以外太多的东西，则需要进行商榷了。

（三）"超量恢复"理论的再思考

目前运动训练学对超量恢复的解释主要表现为以下含义：第一，两次训练间歇时间太长，在超量恢复后进行下一次训练，人体机能水平得不到提高。第二，两次训练的间歇时间太短，未能超过恢复阶段就进行下一次训练，人体机能水平不断下降。第三，两次训练间歇时间适宜，在超量恢复阶段进行下一次训练，人体机能水平不断提高。对于第二种情况，新的研究表明，每次重复工作，若在不完全恢复期进行，这种负荷会引起机体机能明显的变化。若在数次重复以后，再给予较长休息期，其超量恢复将更为明显，负荷工作与休息期的良性效果也将较高。可见，超量恢复理论在新的时期应该有新的发展。

（四）对"木桶理论"的反思

"木桶理论"最初的提出是指某一事物的发展和成效取决于全部因素中最为不利的因素。这一形象化的比喻，将我们的思路迷惑。首先，我们注意到水从最短处流出，就被诱导认为训练本身也如此。但我们显然忘了，运动训练要求的是综合效应，绝不是各要素的简单叠加。所以，成绩的提高或取得，需要一定的基本素质，但绝不是"均衡"全面发展。其次，"木桶理论"展示给我们的是一个立体的形象，但对它进行解释时，却只是在二维的体系中进行阐述。运动训练是一个多角度、多方位的多维体系，木板只是一个方面，桶底、盛水的多少都是我们要考虑的问题。最后，运动训练所包含的要素很多，但不是在组成木桶时每一木板都需要，我们只挑选必需的来做"木桶"，最短的板子可能我们可以放弃，从而避免了水从最短处流出的可能性。

（五）运动训练学结构体系重新构建的反思

"运动训练学"的发展过程中，内容体系在很大程度上得到了拓展和充实，但结构体系却没有发生太大的改变，各部分依然处于相对孤立的状态，这对"运动训练学"的科学发展起到了阻碍作用。

首先，打破原有结构体系中各部分相对独立的局面，按训练学规律将它们有机联系起来。这就需要我们始终沿一条主线，各部分均是围绕这条主线展开并有机相连，最终达到既定的训练目标。训练的各部分被分时间段设定在主线两侧，并完成既定的任务和目标，同时，通过宏观和微观的管理、调控，在遵循训练总原则的前提下，最终完成比赛目标。

其次，在对结构进行调整时，应该摒弃过去各自为政的编排方式，并重视相关学科的介入。比如训练方式、方法、手段及体能、技战术都是分开阐述的，这在"运动训练学"初创时是有必要的，但随着训练理念的加强，训练的不断发展变化，这种方式对于指导运动训练实践是十分不利的。在实际教学中，学生也很难将理论与实践结合起来。同时，相关学科的内容介入太少，比如，耐力素质的训练与生理、生化的结合是非常紧密的，但在体系结构中很难看到这方面的内容。

最后，体系结构的改变还要与内容体系相依托，改变过去以体能类项目为主体进行研究或阐述的局面。既然是一般训练学，应能反映并体现出大部分竞技项目的规律性问题。

当然，体系结构的改变比新理论、新理念的引入可能更复杂，这需要各学科的专家、学者长期不懈地努力。

第二节 运动训练理论

竞技运动项目的多层多维排列，使人们更清晰地了解与认识到不同竞技项目之间的内在联系和外部特征。对不同项群训练学机制的揭示，加强了人们对不同层次的项群及专项特征的更深入认识。对不同项群训练内容与方法的设计，为运动训练实践拓宽了空间。项群训练理论体现的朴素思想与方法，极大地拓展了运动训练学理论研究和竞技体育学理论研究的视野。诚然，项群训练理论也需要不断发展与完善。本文拟从学科建构和多学科研究的视角，提出对项群训练理论发展的几点思考。

一、加深对项群训练理论学理与学术价值的认识

项群训练理论是运动训练学理论的重要组成部分。作为运动训练三层次理论的桥梁，在单项训练理论和一般训练理论研究中，发挥了重要的理论视角、理念方法创新的学理价值和学术价值。

（一）项群训练理论的科学原理

项群训练理论创立者及其团队通过对运动项目的分类标准、项目体系、项目特征的探索，建立了该理论基本的概念体系和方法体系，并以运动训练为指向，揭示了各项群间多个项目的内在联系和项群与单项的关系，凝练出同一项群的共性特征。这一理论关于各层次项群训练理念、方法、内容和设计组织的思考和应对，从另一个角度回答了运动训练"为何练、练什么、练多少、怎么练"的基本问题。其与专项运动训练理论一起成为运动训练学理论的基石。

项群训练理论的形成是人们采用哲学的、体育学的原理和方法认识各运动项目的本质特征，进而认识多个运动项目之间的一般特征及其相互关系，最终提炼出一类具有相同性

质竞技项目的训练学特点，为单个项目或多个项目的训练过程提供了方法学支撑。

（二）项群训练理论构架及其逻辑关系

为什么要对运动项目进行分类？因为进行"运动项目分类可以使我们更深刻地认识不同运动项目的本质属性和内在联系，便于在相应的层次上进行专门的研究，有利于同类项目之间运动素质和运动技术的积极转移，以及训练方法的相互渗透、相互移植"。

但是，由于前人的分类没有完全遵守"同一标准原则、层级分明原则、子项不相容原则、子项之和等于母项原则"，存在许多纰漏，所以，后来又建立了一套全新的运动项目分类体系。这一分类体系包括分类标准、大类与亚类的确立。分类标准选取三项，在这三项标准下，各分类之间存在一定的关系。

为什么选取以竞技能力主导因素、运动项目动作结构和成绩评定方法作为主要的分类标准呢？这是因为：按决定人体竞技能力的主导因素分类，可以反映各运动项目对人体竞技能力的不同要求，便于对运动训练活动进行更准确的分析与控制；按运动项目的动作结构分类，可以反映项目运动形式的特点，对运动项目技术动作分析和技术训练有很高的实用价值；按运动成绩的评定方法分类，可以反映不同项目运动成绩结构的特点，对训练实践和成绩提高均有实际指导意义。

项群训练理论的边界通过概念体系和内容体系来确定，也就是建立理论的意义与科学基础、理论的构思与命名、理论体系的构成等，以及该项群的构成与发展、该项群运动员竞技能力决定因素的系统分析、该项群运动员比赛成绩决定因素的系统分析、该项群的训练特点等板块的内容。

项群训练理论的研究者以竞技能力发展及其特征、运动训练方法手段创新、运动负荷设计及其控制、运动训练过程组织与监控等训练问题为研究内容，对竞技体育制胜规律、运动竞赛环境、运动员选材、竞技体育发展战略与运动项目布局、竞技体育实力分析与重大比赛成绩水平预测等参赛学、选材学和战略学问题进行了卓有成效的研究，极大地推进了运动训练学理论和竞技体育学理论的发展。项群训练理论创立者的视角与视野、思想与方法，对体育学的学科发展、理论创新，具有重要的启示与推动作用。

二、基于学科建构的项群训练理论发展

（一）加强核心概念的系统化梳理

准确的核心概念及其科学定义是任何理论形构的逻辑起点，也是对其边界和范畴的勾

勒。项群、项群划分标准、项群分类体系、项群训练是项群训练理论的核心概念，准确、科学地界定这些概念，以及由其形成的诸如各项群大类、亚类的概念体系，对于明确边界和内容，梳理其内在关系与范围，是项群训练理论形成与发展的逻辑起点。以下几个问题值得进一步明确和探讨。

核心概念及其相互关系。"项群"已经有了十分准确与科学的定义：一组具有相似竞技特征及训练要求的竞技项目。"项群训练理论"则是揭示不同项群竞技规律与训练规律的理论。但目前没有"项群训练"的明确界定。我们知道，因为有"运动训练"这一上位概念，所以就有了"田径运动训练"（简称田径训练）或者"篮球运动训练"（简称篮球训练），等等。那么，项群训练与运动训练的边界如何划定，其是否交叉或重叠？

项目的竞技特点是什么？是竞技能力、训练方法手段、竞技负荷、训练组织实施等问题吗？这都值得进一步确定。不同竞技运动项目在竞赛规则的指导与约束下，形成了独特的竞技特点，同时又表现出明显的"集束性"特征，但仍需要处理好运动项目与运动员、竞技能力、规则、竞赛等方面的关系。

"运动项目的动作结构"没有区分项目和人的属性。"动作结构"是"两个及两个以上的动作按照一定顺序组合，并形成一定相互关系的动作系统"，是人完成某一运动目标的身体姿态与方法，具有运动学、动力学的意义，并且指向动作技术、技能。运动项目则是特定的运动形态、运动方式和场地规则的集合。尽管动作结构有运动项目的规定性，但以动作结构来划分运动项目不能等同于运动项目本身。从"运动项目动作结构"命名的逻辑性上看，缺少了"人"的意蕴。

构成要素能否成为主导因素。体能、技能、战能、心智能、知能是竞技能力的构成要素，这5个要素的独立性和相互关系共同构成了竞技能力结构。作为结构要素，能否成为竞技能力主导因素，不仅取决于这一要素和竞技能力整体的关系，还取决于这些要素与运动项目、比赛方式、规则的关系。理论上，构成要素与决定（主导）因素既有联系，又有区别。任何竞技能力的发展和表现都离不开这五个要素。但影响和决定竞技能力发展和表现的则不仅仅这五个要素，还有竞技信息、竞赛环境、竞技风险等诸多因素。

（二）推进分类标准多元化与分类体系的扩展

项群分类主要采用竞技能力主导因素、运动项目动作结构、运动成绩评定方法标准。竞技能力主导因素构成了"四九"项群分类体系，运动项目动作结构构成了"三七"项群分类体系，运动成绩评定方法则是"五全"项群分类体系。

目前，被大多数人认同并广泛使用的是竞技能力主导因素分类体系。该项群体系将以奥运会赛事为主的众多竞技运动项目分为体能主导、技能主导、技心能主导和技战能主导的四大项群。

现有的"三标准"分类体系，已经包含了绝大多数主要的竞技运动项目，但并不全面，一些非奥运会项目还有待去分类、归位。

（三）加强对同一项群的本质把握和体系建构

项群训练理论建构的逻辑起点是运动项目的本质属性及其相互关系，进一步揭示竞技项目的本质属性应是未来项群训练理论研究的核心。纵观已有关于各亚群的本质及其特征的研究，对各亚群的本质特征、训练特征、负荷特征概括都还只是单项本质特征的罗列。上升到项群层面还须进一步提炼，从哪几个维度或内容研究项群特征，值得进一步思考。

由于运动训练科学关注和研究的对象是运动员竞技能力发展，而运动项目（或竞技项目）是运动员竞技能力发展与表达的唯一载体，所以，认识与掌握运动项目特征成为运动员竞技能力发展的阶梯。在论及各项群特征时，多数学者采用竞技能力主导因素的分类体系研究，所以，其特征概括一般采用的是对体能、技能、战能、心能及智能特征的分述，由其作为某一项群运动员的竞技能力特征。显然，运动员的竞技能力特征还不能完全代表运动项目特征。从比赛、运动成绩、运动员年龄等要素探讨项群竞技特征应有一定的空间。因为只有真正把握运动项目的本质属性，方可厘清不同运动项目或不同项群特征。也只有厘清不同运动项目或不同的项群特征，方可实现运动员竞技能力专项性、专门化与个性化发展。

（四）促进亚群训练理论的完整性与应用性

目前，关于各个项群的项目构成、竞技特点或特征、训练设计与安排特点的研究，已有诸多单项训练研究成果。在当前的项群训练理论体系中，实现理论的完整性、丰富性、多样性，还须首先考虑竞技项目数量增加及其代表性，其次是对各亚群的项群特征高度概括，与单项训练理论保持一定的边界。

目前，竞技能力主导因素所构成的项群系统为大家一致认同，并进行了卓有成效的研究。但该主导因素下，对项群的多样性也产生一定的制约。因为竞技能力从根本上是运动员的主观才能，运动项目和项目群的形成与丰富首先取决于其运动形态、方式，而运动形态、方式又与比赛方式、场地器材、竞技规则息息相关。所以，拓展现有的项群体系，一方面须对竞技能力主导因素进行更准确的界定，同时将比赛方式、场地器材、规则组织等作为要素加以思考，提出项群划分的标准或参照标准。只有全面考虑运动项目与运动员及其竞技能力、比赛方式、规则组织、场地器材等要素，才可深入揭示不同亚群的训练特征。

三、多学科理论引领下的项群训练理论发展

（一）基于新理论、新技术、新方法的项群训练研究

2018年1月，国务院发布的《关于全面加强基础科学研究的若干意见》指出："当前，新一轮科技革命和产业变革蓬勃兴起，科学探索加速演进，学科交叉融合更加紧密，一些基本科学问题孕育重大突破。世界主要发达国家普遍强化基础研究战略部署，全球科技竞争不断向基础研究前移。"项群训练理论作为体育学领域的基础学科理论，应引起更多人的关注。

项群训练理论属于体育学理论范畴。体育学又是一个集生物学、教育学、心理学、社会学、文化学、管理学等于一体的应用型综合学科。如何保证项群训练理论固有的理论特色，又能并蓄其他学科，更好地发挥本理论的话语权，也是未来项群训练理论研究和发展的思路之一。及时采用新理论、新技术、新方法研究项群训练理论，还有助于形成多样的研究团体、团队和流派，促进体育学、竞技体育学的学科丰富性和多样性。

（二）基于竞技规则与场地器材变更的项群训练研究

在竞技体育语境中，竞技者（运动员、教练员）的训练与参赛活动和竞技场地、规则、项目等紧密联系，共同构成了竞技体育的主客体关系。在这些要素中，各个项目的竞技规则变化内容和频率最大，分析与揭示规则变化下某一项群和不同项群的运动员、教练员在竞技能力发展与表现上的变化规律，将竞技规则作为一个重要的自变量，考察不同项群的训练实践活动，将更具有现实意义。

（三）运动员、教练员、管理者及观众的项群特征研究

随着教练员理论的发展，教练员执教研究得到了长足的发展。显然，在中国竞技体育发展中，特别是一些落后项目和潜优势项目的发展中，遇到的瓶颈之一就是教练员的执教能力和水平问题。随着职业化浪潮席卷中国竞技体育，一些具有经济性、观赏性的运动项

目成为政府、社会、大众关注的焦点，其未来发展甚至成为国际战略。这一使命也必将促进项群训练理论研究范畴的进一步拓展。

运动员竞技能力发展与获得的决定因素和影响因素是多维、复杂的，运动训练过程的主体与内容不仅与运动员有关，也与教练员、管理者、观众、媒体等诸多群体相关。项群训练理论研究应加强运动员、教练员与竞技能力、竞技项目之间应然关系的探讨，更多地关注竞技运动主体、客体及其相互关系的研究。

（四）项群训练理论在竞技参赛领域的延伸与应用

训练为比赛的理念也给项群训练理论未来在竞赛和参赛领域的研究提供了支持。不同项群的训练学特征与训练学方法已经得到如前述的大量研究，但不同项群的运动员、教练员竞技参赛的机制与特征研究，完成项群参赛理论构建，与项群训练理论共同完成竞技体育理论的匹配与完善，应是项群训练理论的一个重要研究领域。

（五）项群训练理论的国际推介

作为中国竞技体育学理论，乃至体育学理论体系中最具中国特色的应用理论之一，项群训练学一经提出，就被国际竞技体育学界所关注。无论是中国竞技体育学理论的推介，还是中国竞技体育文化的传播，如何将项群训练理论进行更好的国际推介是今后的一项重要工作。具体途径与方法有邀请有关学者系统地翻译项群训练理论文献、举办国际性学术会议等。

以竞技能力、动作结构和成绩评定方法为分类标准的项群训练体系，主要包括各项群的形成与发展、竞技能力决定因素、运动成绩决定因素和各项群负荷内容，以及以训练组织控制为主线，以不同项群竞技能力特征与发展方法、不同项群制胜规律探索、项群训练理论在竞技体育发展中的应用，项群训练理论融合应用于体育教学、体育管理、人才培养研究与实践等为支线，全面地架构了具有中国特色的训练学理论体系。这一理论体系只有通过不断的实践摸索和进一步丰富发展，才能显示其长久的生命力和影响力。新时期如何维护与发展中国本土化的竞技体育理论，也是项群训练理论研究者的使命。

第三节　运动训练原则

运动训练原则产生于专业的运动训练，主要是为了对训练活动进行有效的规范指导，内容包含了训练的程序、内容、效果标准、注意问题等。训练原则的制定是建立在科学的竞技能力训练上的，通过找出训练活动中的一些客观规律，从而设定一些具有普遍性意义的规则。继运动训练原则产生至今，社会生活不断变化，运动员的综合素质也在增长，加上长期进行训练活动，不断积累更多的经验，训练原则也在随之发生变化。在我国竞技体育发展的不同时期，依人们对运动训练规律和训练工作要求的不同认识，训练中也在遵循着不同的原则。如"三从一大"原则、一般训练与专项训练原则、竞技需要原则、导向激励与健康保障训练原则、适宜负荷与适时恢复训练原则等。这些原则并非独立存在，而是相互作用形成一个原则体系。

一、运动训练中训练原则的体系

运动训练原则体系主要分为指导原则和操作原则。指导原则是指在训练活动中占据指导、规范地位的一些原则内容，并没有涉及实践层次的内容，界定了运动训练最为基本的方向和目的，并以此作为训练实践的基本框架。操作原则则是具体训练实践过程中，需要根据运动员、场地、项目等综合因素，考虑采取何种办法进行训练，以提高训练的效果，达成相应的训练指标。

（一）运动训练的指导原则

1. 育人原则

育人在体育竞技训练中属于核心问题，是训练最终的目标。在育人原则下，要求以运动员为核心对象，通过各种实际的训练项目，让运动员获得本质提升。综合看来，育人讲究的是怎样培养运动员成为合格的人才，对其精神思想、道德情操、理论技巧等进行综合培养。①爱国与团队。运动是个人身体机能与脑部配合下展现出来的活动形式，但是在体育赛事中个人能力的强弱并不一定是制胜、获得好评的关键，运动员是国家和民族风采的表率，理应具有高尚的爱国情怀和民族情操。同时每一次比赛取得成绩都是队友、教练等一系列人员辛勤、配合的结果，因此必须让运动员懂得感恩、懂得与团队配合融洽相处。②道德操守。竞技有竞技的礼仪，体育赛事应当发扬奥林匹克运动精神，友谊第一，运动员无论是在场上还是在场下，都应该对裁判、对手、队友保持应有的尊重和大度，这不仅是体育精神的表现，也是做人最为基本的原则。③个人状态。运动员是全民在体育场上的代表，是身体素质过硬的标杆，应当拥有健康、强劲的身体能力，同时面对各种挑战、挫折，还需要极强的耐心、恒心和自信心，因此需要注重对运动员的心理进行培养。

2. 夺冠原则

在竞技运动方面，夺冠是其区别于其他运动的特有标志，树立夺冠的目标才是合格的运动竞技。运动员是否能够夺冠，或者是否拥有能力并始终向着夺冠努力，是检验运动员是否称职的标准之一。可以说夺冠是运动训练最为浅显的目标，也是最为基本的目标，以夺冠为目的进行的训练，是运动员不断超越自我的一个过程，是向世界体育致敬的表现。①奥林匹克有一句格言"更快、更高、更强"，夺冠的过程就是赶超对手、赶超从前、不断进步的过程。②求胜。运动员应当有一颗顽强拼搏的心，永不服输的气节，尽最大可能运用所掌握技能正面击败对手。在夺冠原则下，运动训练集中对运动员的个人能力进行强化。

（二）运动训练的操作原则

操作原则是运动训练中必须遵守的准则，关系到训练实践的具体方案制订和指标制定。内容涉及了身体、技能、战术、智力、心理、意志等方面的内容，例如：超量恢复、竞技状态变化、运动竞赛的制约及反制约、训练适应规律等。除了要寻找运动训练的共性规律之外，还要特别根据运动员的情况找出特殊规律，针对性地训练运动员的某些能力。而训练计划的制订尤其应当讲究一定的阶段性，即能够分层次完成训练计划，使运动员的综合素质扎实而缓慢上升，达到稳定坚固的效果。例如按照运动员的年龄情况，对不同年龄范围的运动设计对应的任务和目标，设计的内容需要与运动员动态成长的水平相匹配。除此以外，可以按照不同的项目对运动员各方面能力要求不同为标准，设定训练目标和过程，如按照力量训练、体能训练、速度训练、对抗训练等为不同的主题，对运动员形成强化练习，此种练习一般为常规练习。考虑到运动员特长和能力短板等问题，需要进行专项训练，因而还有专项训练或特殊训练原则，一般考虑两种情况：一是针对运动员自身的特点开展专门的训练，以直接提高竞技成绩为目的；二是总结历次竞技比赛的成功经验，重新总结取得好成绩的关键，例如"以速度为中心"的背越式跳高训练，"中长跑是高速度的耐力性项目"规律，以实践为基础完善训练计划。

二、运动训练原则的发展分析

从最初的以实践为主的原始训练原则，到后来的理论实践相对独立，再到现在理论实践相结合的训练原则，可见训练原则的发展总是在不断趋于科学化和效率化，对运动训练原则的发展进行分析，有利于找准目前训练原则的突破关键，确保未来的效果。

（一）发展趋势

1. 运动训练原则趋向个性化

随着以人为本的思想普及之后，人们逐渐认识到了尊重和发挥运动员的个性，对于体育竞技而言有较为明显的促进效果。国家游泳队的教练张亚东认为：个性化训练就是一种违背正常规律的训练。也可说是一种"剑走偏锋"的训练方式，通过不同训练内容和节奏，让运动员在训练中体会到疲劳、心理活动、愉快等感觉，从而不断突破自身瓶颈，快速成长。

2. 运动训练原则综合性加强

运动员应当具备较高的身体综合素质，例如竞走运动员需要同时具备相当高的速度、耐力、平衡力等，身体综合素质上升之后，在原有领域的能力必然会有所上升，就如"以速度为中心"的背越式跳高训练，在此之前也许并没有对跳高运动员的速度进行特别的训练。

3. 运动训练原则更加专业化

对比不同时期的训练可知，时间越早的训练形式越单调，尤其是膳食营养与运动训练之间的规律，在19世纪末被提出，可以看出从最传统的身体强度训练，到专门的技能训练，再到当前的综合式训练原则，匹配各种辅助计划，运动训练已经越来越科学、专业。

（二）发展问题

1. 个人能力突破难度较大

人的潜力是无限的，在体育场上，世界纪录在不断被刷新，但每一次刷新的背后都是数之不尽的汗水和泪水，究竟怎样才能通过各种训练让运动员不断超越对手、超越自己是一个难题。

2. 职业生涯时长不稳定

其实可以看出运动员在训练、比赛的过程中，通常会因为一些小的意外和事故，对身体造成较多且严重的伤害，一般运动员退役之后身上或多或少都会留下永久性的创伤，而这种"常见"的伤害直接影响了一部分运动员的职业生涯时长，造成较多的人才提早退役，这样的问题实际上应该可以在日常训练中进一步得到控制。

（三）发展建议

坚持实事求是、区别对待的原则进行发展，训练原则体系的创新应当与时俱进，除却国内经验总结之外，积极与国外环境接洽，多交流讨论，从运动员个人、团队、体质、心理、精神、意志、技术、天赋等各个方面进行更具体的研究，构建隶属于运动训练的理论结构。此外，尤其应当做好物质和精神激励并重，直接提高运动员的积极性，促进其努力实现自我价值。

运动训练原则是指导和约束运动训练的纲要准则，将原则划分为指导原则和操作原则，有效地区别了理论层面与实践层面，便于科学安排和管理训练活动。在未来的体育训练中，随着训练经验的不断累积，还会对训练过程中的客观规律掌握得更加透彻，最终形成更加细致完善的原则体系。在原则总结出来后，运用原则投入实践检验，再进行研究和总结，只有如此循环才能确保训练原则不断趋于完善。

第四节　运动训练方法

现代运动训练的发展，与训练方法是紧密联系的。在运动训练过程中，使用的训练方法各种各样、各有其特长和作用。但任何一种方法都不能全面地解决训练过程中所碰到的各种各样的问题，往往要根据训练任务，运动员水平，以及训练场地和设备条件，灵活地、创造性地加以选择和运用。特别是当今世界上的竞技体育强国，在培养运动员和实施科学化训练的各方面条件日趋接近的情况下，训练的成效在很大程度上取决于训练方法的优劣和运用的正确与否，新的更有效的方法的开发，以及进一步出现多种多样的训练方法。教练员不但应掌握已有的训练方法，深知其特点和作用，学会根据具体情况，正确地选择，灵活地运用，解决所存在的主要问题，而且要不断总结运动训练方法运用的实践经验，创造新的更为有效的训练方法，以达到事半功倍的效率。

一、运动训练方法概念及其重要意义

"方法"是指研究和认识客观事物的途径，也是指达到预定目的所采用的办法。运动训练过程要完成身体、技术、战术、心理等各方面的任务，从而达到提高专项运动成绩的目的，这就要采用各种具体的途径和方法。运动员训练水平的提高，各阶段训练任务的完成，以及达到创造专项运动最高成绩的目的，无不依赖于训练方法的正确运用和创新，训练科学化的一个重要体现，就在于运用科学的训练方法，挖掘运动员最大的竞技潜力，使其更快、更准确、更熟练地掌握专项技术、战术；高度发展各器官系统的机能和运动素

质，有针对性地解决训练过程中发生的各种问题。

二、训练方法的基本分类

运动训练方法多种多样，在训练理论和实践中以提高运动员的机能和素质，掌握战术、技术，以及获得知识的来源为标准，将常用的方法分为三类：语言类、直观法和练习法，每类又包括不同的具体方法。

语言类：讲解、口令、指示、讲评等。

直观法：示范、图表、幻灯演示、电影、录像等。

练习法：分解、完整、持续、重复、间歇、变换、游戏、比赛等。

三类方法中的各种具体方法，在训练过程中一般可用于身体、技术、战术等训练，如为使运动员掌握某一项技术，既要运用语言法中的讲解，又要运用直观法中的示范，还要运用练习法中的重复法，才能使运动员更准确地掌握技术。但这些具体方法的运用都有其重点。例如讲解法、示范法和分解法，重点用于技术运用训练的初期：使运动员形成技术动作的正确概念，理解动作要领，初步练习分解了的动作；而重复法、持续法、间歇法在技术训练中重点用于进一步巩固已掌握了的动作及其熟练运用阶段；而在身体训练中，为提高运动员的机能，发展运动素质，这几种方法也是运用的重点。

三、运动训练的几种方法

训练方法多种多样，以上已介绍许多，下面主要阐述分解训练法，重复训练法，持续训练法，模拟训练法和游戏、比赛训练法。

（一）分解训练法

分解训练法是指把一个完整的技术动作分解成几个技术环节，使运动员更方便地掌握较复杂的技术动作。它的特点是简单、易学、适用于初学者用于开始阶段。尤其于少年儿童来说，很难一下子掌握一项技术环节较复杂的动作，因此，如给他们把动作分成几个步骤，一个环节一个环节地学，最后把几个分解的动作完整组合起来，对少年儿童来说比较容易接受。如网球技术中的发球就是一项比较复杂的技术动作。所以在刚开始教队员时，把动作分成四个步骤：第一，拉拍，同时抛球；第二，拍子下垂，后脚前跟；第三，击球，转肩、转腰；第四，收拍。由于儿童一次只接受一个简单的信号，因此我让他们一个步骤一个步骤反复练习，等到熟练时再把动作完整组合起来，效果明显，而且不易出现问题。

（二）持续训练法

持续训练法是指在相对较长的时间里，用较稳定的强度，无间歇地连续进行练习的方法。它的特点在于练习时间较长，一次练习的量较大，但强度相对较稳定。因此用这种方法进行练习，对有机体刺激所产生的影响比较缓和，有利于心血管和呼吸系统机能的稳步提高。它获得的训练效应出现较慢，但较稳定，消退也比较慢。在网球训练过程中通常用于多球训练，有助于掌握巩固、提高技术。但在练习中，还要注意量和强度的搭配。如这个项目是发展运动员在场上奔跑中击球，以强度为主的，那么，练习的时间，组数就不宜太多，太长；相反，如要提高运动员场上定点击球的稳定性，那么强度就不宜太大，而组数、时间则可以增加。控制好量与强度应从训练所要达到的目的考虑，在训练时，量和强度的增减应以运动员在训练中保持正确的击球动作为准，如果运动员在击球时技术动作走形，那就要考虑减少量与强度了。尤其对待少年儿童时，更要密切注意他们的反应，及时制止变形的动作。

（三）重复训练法

重复训练法是指在相对固定的条件下，按一定的要求，反复进行某一项目的练习，而每组之间的间歇要使机体基本恢复的一种方法。它是身体、技术、战术训练常用的基本方法。重复练习技术动作，可不断强化刺激的痕迹，有利于巩固动作定型和熟练地使用技术，是技战术训练中最常用的办法，也是少年儿童掌握技术动作最重要的方法之一。如在场上进行全场跑动击球，不但要严格规定技术动作，而且要提高奔跑中击球的组数与个数，这样才能使技术熟练、准确，提高在比赛中的实用价值，而且由于重复练习，使疲劳加深，要求运动员克服很大的体力消耗，因此有利于培养运动员的意志品质。

在进行重复练习时，要及时给予指导，不断提高改进技术的要求和纠正错误的动作，使运动员不会在错误的动作上越偏越远。另外，重复练习同一动作或项目，运动员容易产生枯燥乏味的情绪，降低练习的积极性，所以在练习中除了使队员明确训练的目的、作用外，还要结合游戏等手段来提升运动员的兴趣，达到训练目的。

（四）模拟训练法

模拟训练法，它主要是为运动员参加比赛做好适应性准备，也就是使运动员对于容易引起精神紧张和动作失调的各种刺激逐步产生适应，从而提高在比赛中的抗干扰能力。模拟训练通常有两种方法：第一种是现实模拟，即运动员在比赛形式、比赛对手、比赛时间安排以及气候情况、场地器材设备等各种因素都与正式比赛相似的情况下进行训练；第二种是通过录像、电影、图片、录音、语言等手段进行模拟训练。通过模拟训练适当地增加运动员的心理压力，相对来说，也就是减轻了比赛时的心理压力。安排模拟训练时应一切按照比赛程序进行。如：准备活动时间，变换场地、方向，模拟赛场，并组织安排观众，裁判，制造与比赛相似的气氛。通过模拟训练可以及时发现运动员在赛前各种身体素质、技术水平和心理状态等方面的问题，从而可以及时实施改进和弥补，这对正式比赛时发挥应有的技术水平是很有益处的。

（五）游戏和比赛训练法

游戏和比赛训练法是指以游戏和比赛的方式进行训练的方法。它的内容可以多种多样，既可用于身体训练，也可用于技战术训练，还可作为恢复手段。如在训练前进行一些小游戏，既可热身，又可提高兴奋性。在技术训练中，可以将所学的技术作为比赛内容，并制定胜负的标准，以比赛的方式进行练习，如多球打成功率比赛，半片场地打来回比赛等，既可提高运动员的兴趣，又可锻炼运动员的技术与心理，可谓一举两得。在训练课结束时也可安排一些游戏。如踢足球、打篮球之类的，不仅练到了场上步法、耐力，也能达到消除疲劳的积极效果。由于游戏和比赛所具有的特点和作用，它可以广泛地运用于不同的对象、不同的训练阶段、不同的训练内容中去，尤其根据少年儿童好动的特性，在训练中采取游戏和比赛的方法，能更好地达到训练目的。

当今训练方法的运用，是随着现代训练的发展而不断地创新和变化，每一次训练方法的更新，都将带来训练效果和运动成绩的提高与发展。因而掌握一些基本的和必要的训练方法，不仅有利于教练员和运动员提高运动训练的效益，而且可促使教练员、运动员去创造更多、更好的训练方法，提高训练质量，促进运动水平的提高。

四、对运动训练方法进行创新的主要途径

（一）破旧立新

想要对运动训练方法进行创新，最基本的就是摒弃陈旧的思想观念以及训练模式，只有在此基础上进行创新，才能取得事半功倍的效果。比如说，教练员应该对自身所具有的思想观念进行创新，从一个全新的角度去认识运动训练工作的重要性，并对自己原有的训

练思路、手段等进行思考，判断这些一成不变的训练方法，还能不能适应当今社会的发展趋势；这些在以前很先进的训练手段，是不是能满足社会的需求；若是一直使用这些方法来进行训练，运动员的运动水平能否得到提高等。教练员通过对这些问题的思考，可以得出明确的结论，那就是现有的训练方法，已经不适合如今的形势，想要提高运动员的运动水平，对这些方法进行创新是势在必行的。在此种思想的引导下，教练员自然会将一些陈旧的方法以及观念摒弃，以全新的思路当作突破口来思考问题，进而做好运动训练方法的创新工作。

（二）克弱转强

在运动员训练的过程中，教练员应该找出运动员的弱点，并以这些弱点为基础，提出有效的训练方法来克服这些弱点，从而使运动员将自身所具有的弱点转化为强项，有效地提高运动员的运动水平。因此，教练员在应用训练方法让运动员进行训练的时候，应该对采取的训练方法进行深入分析，并结合运动员的弱点，来判断当前的训练方法能否使运动员的弱点得到转化，使其变成强项。若是现有的运动训练方法无法实现这一目标，教练员就应该对当前使用的训练方法进行调整和创新，使训练方法可以弥补运动员的不足，进而发挥训练工作的作用，培养出更多更优秀的运动员。

（三）逆向思维

有的教练员在确定训练方法的过程中，会受传统经验教学的影响，此种状况就使得教练员将自己困在一个框架中，其思维模式比较固定，创新的想法逐渐被抹杀。面对这样的情况，最主要的就是转变教练员的思维方式，帮助教练员摒弃传统的思维，形成逆向思维，在逆向思维的影响下，树立正确的运动训练观念，根据运动员的实际情况，创新出具有价值和意义的运动训练方法。因此，培养教练员的逆向思维是非常有必要的，只有从反方向思考问题，教练员才能跳出固有框架，使运动训练方法符合社会发展。

（四）移花接木

近年来，随着我国经济及科技水平的不断提高，国家对教育的重视有了明显的提升，知识的综合应用水平有所提高。虽然很多学科的知识看起来没有必然的联系，但在实际教学过程中，却可以将其放在一起进行教学，此种情况充分地反映了知识的渗透力越来越强，而且其聚变效应也越来越明显。在这样的情况下，教练员在创新训练方法的时候，可以将其他学科中的原理以及方法等应用到训练方法的创新中，使各学科的知识有效地衔接在一起，进而创造出更加先进、完善的训练方法。比如说，教练员可以将信息论以及系统论等方面的内容融入运动训练工作中，这样就可以使运动训练方法更加符合当前的实际情况，进而充分地发挥自身的作用，推动体育科学的稳定发展。

思考题

1. 简要说明什么叫作运动训练。
2. 运动训练原则是什么？
3. 运动训练方法包括哪些？
4. 说出对运动训练方法进行创新的主要途径。

第二章 运动基础竞技能力训练

任务导入

运动员竞技能力的训练是一个复杂的过程，它不仅包括运动员的体能训练，还包括运动员的心理能力训练和运动员的智能训练。体能训练是运动训练的重要内容，不同项目的运动员，在运动训练过程中，都力求运用各种有效的训练手段和方法，改造运动员的身体形态，提高有机体的机能水平，增进健康和发展运动素质；在竞技运动训练与竞赛中，运动员的体能、技能、战术能力以及运动智能，只有在其心理能力的参与和配合下，才能得到充分的体现；而现代运动训练与比赛对运动员智能水平的要求越来越高，因此在某些情况下，运动员智能水平的高低成了决定比赛成败的关键。本章即从体能训练、心理能力训练、智能训练三方面来探讨运动员基础竞技能力训练。

学习大纲

1. 了解竞技能力都包括哪些内容。
2. 学习和掌握技术能力训练方法。
3. 学习和掌握心理能力训练方法。
4. 了解并掌握智能训练的方法。

第一节 体能训练

一、运动员体能训练概述

（一）运动员体能及其构成

运动员体能指运动员机体的基本运动能力，是运动员竞技能力的重要构成部分。决定运动员体能发展水平的有三点。

1. 身体形态

身体形态是指机体内外部的形状。

2. 身体机能

身体机能是指机体各器官系统的功能。

3. 运动素质的发展状况

运动素质是指机体在活动时所表现出来的各种基本运动能力，例如：速度、力量、柔韧、耐力、灵敏。

以上三点虽然有其各自相对独立的作用，但又密切联系、彼此制约，无论其中哪一个因素发生变化，都会影响体能整体的水平。三个构成因素之中，运动素质是体能的外在表现，所以，在运动训练中多以发展各种运动素质为身体训练的基本内容。

（二）运动员体能训练的基本要求

1. 全面性

运动员的体能训练必须全面。因为某一素质的发展滞后，不仅影响运动员整体素质的发展和提高，还制约运动员专项技术的完善和改进。

2. 系统性

在安排运动员的体能训练时，应根据训练的不同时期和阶段来统筹考虑。不同的年龄阶段有不同的素质发展敏感期，因此每年的体能训练都应有不同的侧重点；年度训练中要根据本年度训练的任务和目标来确定体能训练的内容和比重。体能训练是一项长期的任务，应该贯穿运动员训练的全过程。

3. 针对性

运动员年龄、性别、身体条件、素质水平的差异，以及所从事专项的不同，其体能训练的内容、负荷安排都不同。在训练过程中一定要根据运动员的具体情况、训练任务来选择身体训练的内容和比重。此外，体能训练的内容和比重离不开专项特点，不同的运动项目对素质有不同的要求。总之，体能训练一定要在全面发展的基础上，根据运动员的具体情况和项目特点进行有针对性的安排，以达到训练效果的最佳化。

4. 体能训练应与其他训练相结合

体能训练虽然是运动训练的重要内容，但是运动成绩的提高并不能单靠体能训练，而是依靠体能训练、技术训练、战术训练和心理训练的共同作用，它们相互影响、相互促进、相互制约。良好的身体素质是掌握技术、战术的前提和保证。全面的训练能够有效地整合各方面训练的成果，从而有效地提高运动员的专项能力和比赛成绩。

5. 要在体育训练中加强对运动员的思想政治教育

单调枯燥的训练手段、训练方式以及高强度的体能，常常会让运动员感到非常疲劳，这时，就要加强对运动员的思想政治教育，提高他们对身体训练重要意义的认识，培养他们吃苦耐劳的意志品质。另外，教练员也应采用有效的训练手段和方法，培养运动员对训练的兴趣，使运动员减少对训练产生的枯燥感和无味感。

二、运动员体能训练的方法

体能训练主要针对六个方面，包括身体形态、力量素质、速度素质、耐力素质、柔韧素质、灵敏素质。

（一）身体形态训练

身体形态主要包括两部分：一是人体外部的形状特征（如身高、胸围、体重等），二是人体内部的形状特征（如心脏纵横径、肌肉的形状等）。针对身体形态的训练方法和基本要求主要有以下几种。

1. 身体形态训练的方法

第一，根据身体形态的需要，从身体训练的各种方法中挑选相应的训练方法。

第二，任何一个专项训练手段都对身体形态有显著的训练效果，可以根据身体形态的具体情况选择合适的专项训练方法。

第三，手持轻器械训练法。轻器械有很多种，如实心球、哑铃、木棒、木棒凳等，利用不同的轻器械可以训练身体的不同部位，从而有效地影响运动员身体形态。

第四，舞蹈训练法。舞蹈动作是经过提炼、组织加工的人体动作，其基本要素有动作的姿态、协调能力、明显的节奏等，对身体姿势的形成有特殊意义。

2. 身体形态训练的基本要求

（1）根据不同生长发育阶段的形态特征安排身体形态训练

人体在不同年龄阶段的生长发育有不同的特征，一般是先长高度，后长宽度、围度和充实度。心脏发育过程中先加大心脏容量，后增厚心壁肌肉，与其相应的竞技能力的敏感发展期也有不同，身体形态训练应与之相适应，不可颠倒。

（2）根据不同专项的特点安排身体形态训练

不同的专项竞技能力的主导因素不同，而这些专项竞技能力又都对特定的身体形态具有一定的依赖性，因此，必须根据专项的需要及其对竞技能力的需求特点，安排相应的练习方法与手段。

（3）身体形态训练应注意遗传因素的影响

在身体形态的各项指标中，高度、长度这样的指标遗传度很高，体重这样的指标遗传度则较小。针对这样的情况，应重视高度、长度和宽度等形态指标，而与肌肉有关的体重等充实度指标，则应更多地依靠后天的训练加以改善和提高。

（4）采用多种方法手段改善身体形态

身体形态受到很多因素的影响，所以，进行身体形态的训练不要只从训练的角度进行，也要注意其他手段与方法的运用，这其中尤其要注意饮食和营养的控制。

（二）力量素质训练

力量素质是指人体神经肌肉系统在工作时克服或对抗阻力的能力。针对力量素质的训练方法、手段和基本要求如下。

1. 力量训练的基本方法

（1）动力性等张收缩训练

所谓动力性等张收缩训练，是指人体相应环节运动，肌肉张力不变，改变长度产生收缩力克服阻力的训练。可分为动力性向心克制性及动力性离心退让性两类工作形式。

①动力性向心克制性工作

肌肉在做动力性向心克制性工作时，肌肉长度逐渐缩短，所产生的张力随着关节角度的变化而改变，因此，练习时根据专项运动的需要，掌握好发挥最大肌力的关节角度，可得到事半功倍的训练效果。

②动力性离心退让性工作

试验表明，肌肉做离心收缩时所产生的张力比肌肉做向心收缩时所产生的张力大40%。股四头肌做离心收缩时所承受的负荷是做向心收缩时所承受负荷的两倍。由此，人们利用离心收缩的原理创造了"退让训练法"。肌肉退让工作是指肌肉在紧张状态中逐渐被外力拉长的工作，即肌肉的起止点彼此向分离方向移动，故又称离心工作。如用杠铃做的两臂弯举中，当臂部积极用力将杠铃往上举起后，再用手抵抗回降动作慢慢地将杠铃放下就属于此种性质工作。

(2) 静力性等长收缩训练

在身体固定姿态下，肢体环节固定，肌肉长度不变，改变张力克服阻力的练习方法，称之为静力性等长收缩训练。

肌肉做静力性收缩时，可以动员更多的肌纤维参与工作，表现出的力量大，力量增长也快，并节省训练时间。但是由于肌肉紧张，血管封闭，肌肉中血液循环可发生不同程度的暂时中断，因而工作不能持久。

静力练习应与动力练习结合起来，可按照1∶5的比例安排练习。

(3) 等动收缩训练

等动力量训练在特制的等动练习器上进行，练习时，肢体动作速度保持不变，肌肉始终发挥较大张力完成练习。等动练习集等长（静力性力量）和等张（动力性力量）之所长于一身，有利于最大力量的增长。

(4) 超等长收缩训练

超等长练习时先使肌肉做离心收缩，然后接着做向心收缩。利用肌肉的弹性，通过牵张反射，加大肌肉收缩的力量，如跳跃等练习。

超等长练习与其他力量练习相比，更接近比赛时人体的运动形式，肌肉发力突然，技术结构相似，传递速度快，因而可得到更好的训练效果。

完成超等长练习时，肌肉最终收缩力量的大小主要是由肌肉在离心收缩中被拉长的速度快慢所决定的，而不单纯是由肌肉被拉长的长度决定的，肌肉被拉长速度的快慢比被拉长的长度更为重要。

(5) 循环训练法

发展力量耐力训练可将几个训练手段编组循环进行，例如：手握轻杠铃片（哑铃）做双臂前后绕环，摆臂+肋木举腿+连续跳绳+手扶肋木腰弓起+连续快速摆髋+快速轻杠铃卧推+连续快速半蹲起+向前跨步跳。这样做可使上下肢、前后肌群和大小肌群的用力搭配在一起，一次可做3~5组，组与组之间可以慢跑作为间歇。

2. 力量训练的主要手段

(1) 负重抗阻练习

如运用杠铃、壶铃、哑铃等训练器械。可用于机体任何一个部位肌肉力量的训练，是训练最常用的手段。

(2) 对抗性练习

如双人顶、推、拉等，依靠对抗双方以短暂的静力作用发展力量素质。对抗性练习不需要任何训练器械及设备，又可激发练习者的兴趣。

(3) 利用力量训练器械练习

利用力量训练器械，可以使身体处在各种不同的姿势（或坐，或卧，或立）进行练习，可直接发展运动员所需要的肌肉力量，使训练更有针对性。使用力量训练器，还可以减轻运动员的心理负担，避免伤害事故的发生。

(4) 克服弹性物体的练习

如使用拉力器、拉橡皮带等，依靠弹性物体变形而产生的阻力发展力量素质。

(5) 克服自身体重的练习

如引体向上、倒立推起、纵跳等。这类练习均由四肢的远端支撑完成，迫使机体局部承受体重，使机体局部的力量得到发展。

(6) 克服外部环境阻力的练习

如沙地和草地跑、跳练习等。做这种练习往往在动作结束阶段所用的力量较大，每次练习要求不用全力，动作要轻快。

(7) 电刺激

用电刺激发展力量能力，将电极置于肌肉的起止端，电流强度以人体不感痛苦为宜。经刺激后，肌肉体积没有明显增大，脂肪减少，力量得到提高。

3. 力量训练的基本要求

(1) 选择有效的训练手段

应根据完成训练任务的需要，正确地选择有效的训练手段，规范并明确正确的动作要求。如发展股四头肌力量，可选负重半蹲起的练习，应要求运动员在练习时双脚平行或稍内扣站立，以求有效地发展股四头肌的力量。

(2) 注意不同肌群力量的对应发展

根据专项竞技的需要，在主要发展运动员大肌肉群和主要肌肉群力量的同时，也要十分重视小肌肉群、远端肌肉群、深部肌肉群的力量训练。

(3) 注意激发练习的兴趣

肌肉工作力量的大小与中枢神经系统发射的神经冲动的强度有着密切的关系。神经冲动的强度越大，肌纤维参与工作的数量越多，冲动越集中，运动单位工作的同步化程度也就越高，表现出的力量也就越大。因此，在运动训练中应注意有意识地提高运动员练习的兴趣与积极性，以求提高力量训练的效果。进行爆发力训练对神经系统兴奋性要求更高。

(4) 处理好负荷与恢复的关系

力量素质训练要根据每个练习者的身体素质、运动项目制订不同的训练周期计划和训练任务，负荷的安排应是周期性、波浪式的变化。

力量训练课的次数也取决于这些因素：训练课的阶段和周期，训练课的主要任务，各力量素质的发展水平及训练特点，练习者的性别、年龄、健康状况、身体素质能力及训练水平等，其中训练水平是重要的因素之一。试验证明，对刚开始训练的人，每周3次课要比1~2次课或5次课的效果更好，而训练有素的练习者训练课的次数可安排得稍多一些，因为刚参加训练的练习者与训练有素的练习者适应性不同。

大肌肉群的工作能力恢复相对较慢，所以比赛前7~10天，通常训练中不安排用极限负荷进行较大部位肌肉群的练习。

在每个小周期中，要尽量使各种不同性质的力量训练交替进行。每堂课可先安排发展最大力量、速度力量的练习，最后安排发展力量、耐力的练习。

（三）速度素质训练

速度素质是指人体快速运动的能力。包括人体快速完成动作的能力和对外界信号刺激快速反应的能力，以及快速位移的能力。速度素质包括反应速度、动作速度和移动速度。

1. 反应速度

反应速度是指人体对各种信号刺激（光、声、触等）快速应答的能力。训练反应速度可以采用以下几种方法。

（1）运动员根据声音、动作、哨声、口令等突发信号迅速做出正确反应。

（2）运动员对突然发出的信号迅速做出某一个相应的动作。

（3）移动目标的视觉反应练习。运动员在看到目标后，迅速做出应答反应。

（4）选择性练习。把几种信号规定好后，发出任何一个信号时，运动员都要做出符合规定的反应。

（5）运动员在训练时通过有意识增强外部刺激因素迅速做出反应。

2. 动作速度

动作是指人体或人体某一部分快速完成某一个动作的能力。提高动作速度常用以下几种方法。

第一，减小阻力的训练。如减轻器械的重量、顺风、下坡跑等训练。

第二，以最快的速度完成小步跑、高抬腿跑、后蹬跑、摆臂等专门训练，或采用立定跳远，跨栏，行进间单、双足跳等提高爆发力的训练，都有助于发展动作速度。

第三，缩小练习空间、练习时间界限来提高动作速度。如球类活动利用小场地训练，按规定时间完成一定数量的训练等。

第四，利用一定的限制或标志提高完成动作的速度。如利用双人拉橡皮条来训练动作速度，缩短栏间距离提高过栏速度，利用器械重量或形状的变化提高动作速度等。

第五，通过提高每个单个动作的熟练程度和各个动作之间的相互连接，来提高成套动作的运动速度。

第六，利用外界助力提高动作速度。如利用加助力跑，克服"速度障碍"，提高跑的频率；利用语言或信号刺激提高完成动作的速度。

3. 移动速度

移动速度是指人体在特定方向上位移的速度。提高移动速度的常用方法和手段有如下几种。

第一，提高步幅的训练。如发展腿部力量的负重练习，提高髋、膝、踝、肩关节肌群的柔韧性训练。

第二，保持最高速度能力的训练。如采用较大强度的短距离间歇跑及各种快慢相结合的变速跑、反复跑或比赛等。

第三，各种提高步频的训练。如快速小步跑、短距离冲刺跑、起跑接加速跑、后蹬跑转加速跑和下坡跑等。

（四）耐力素质训练

我们一般将有机体坚持长时间运动的能力称作耐力素质。耐力素质是运动员在比赛中能长时间保持高速度、高质量竞技状态的基础。运动员在比赛的全过程中，要保持特定的运动强度或动作质量，就必须具有良好的耐力素质，就必须具备能与持续运动过程中不断积累和加深的疲劳做斗争的能力。

1. 耐力训练的方法和手段

（1）一般耐力训练常用的方法和手段

①各种形式的长时间跑。

②长时间进行的其他周期性运动，如速度滑冰、划船、自行车等。

③长时间重复做某一非周期性运动，如排球运动中多次做滚动练习。

④反复做克服自身体重的练习，坚持较长时间的抗小阻力的练习。

⑤循环练习等。

（2）专项耐力训练常用的方法和手段

①体能主导类快速力量性项群的专项耐力训练

体能主导类快速力量性项群运动员的专项能力，主要表现为以最大强度重复完成完整比赛动作的能力。其发展专项耐力的训练内容手段应以多次重复完成比赛动作或接近比赛要求的专项练习为主，而这种专项练习，多是采用极限或极限下强度来完成的。

②体能主导类周期竞速项群的专项耐力训练

体能主导类周期竞速项目有耐力性和速度性两个项群。耐力性项目运动员专项耐力的要求是用尽可能高的平均速度通过全程。专项耐力的重要供能形式为糖酵解无氧代谢供能，因此除了超常距离之外，其主要训练方法为大强度的间歇训练法及比赛训练法。

③技能主导类表现性项群的专项耐力训练

技能主导类表现性项群运动员的专项耐力，主要表现为以最佳技术重复完成完整比赛动作的能力。其发展专项耐力训练的手段主要是在赛前训练中多次完成成套练习或 1/2 套以上的练习。

④技能主导类对抗性项群的专项耐力训练

技能主导类对抗性项目比赛时间较长，要求运动员能在整个比赛过程中持续表现出最佳技能和体能。因此，训练中要注意安排长时间的专项对抗练习或专项练习。

2. 耐力训练的基本要求

（1）重视运动员呼吸能力的培养

呼吸问题是耐力训练中十分需要注意的问题。耐力训练一般时间比较长，这时，可以通过加深呼吸深度和提高呼吸频率来吸取氧气。通常情况下，没有参加过训练的人在长时间工作过程中，主要以加大呼吸的频率来供给机体氧气的需要，而高水平运动员则主要以加大呼吸的深度来改善对体内氧气的供给。

在耐力训练时，应加强对运动员用鼻呼吸能力的培养，从卫生角度看，鼻腔有黏膜可以净化空气，也可以使氧气缓和一下再吸入气管，这样就会减少尘埃和不使冷气直接进入肺部。但是，游泳运动员多是用嘴呼吸，在训练中应加强这一能力的训练。

对各个运动项目的运动员都应加强呼吸节奏与动作节奏协调一致的训练，呼吸节奏紊乱，就会使动作节奏遭到破坏，从而影响运动成绩。

（2）加强意志品质的培养

意志品质对于运动员的耐力训练也是十分重要的，耐力表现好的通常意志较坚强，耐力表现较差的意志也比较薄弱，所以，在耐力素质训练中必须注意对运动员意志品质的培养。

（五）柔韧素质训练

柔韧素质是指人体关节在不同方向上的运动能力以及肌肉、韧带等软组织的伸展能力。柔韧训练对发展运动员的肌肉、关节、韧带的灵活性、柔韧性、弹性，增大运动的幅度、提高动作难度有重要的作用，有利于掌握运动技术。同时，柔韧训练对避免运动员的运动创伤、发展其他运动素质也有着重要作用。

1. 柔韧训练的方法

一般来说，按照受力作用的不同，可将柔韧素质训练的方法分为以下两类。

（1）主动性拉伸训练

主动性拉伸训练，是指练习者依靠自己的力量，通过各关节及其相关肌肉的主动收缩，来改善关节灵活性和肌肉伸展性的方法。在柔韧素质训练中，主动性拉伸训练又可以分为以下两种形式。

①主动性动力拉伸

主动性动力拉伸训练，是指练习者依靠自己的力量，使肌肉、肌腱、韧带等软组织急骤地拉长，来提高柔韧的伸展能力。此种练习可以分为三种：单一和多次的拉伸训练；摆动和固定的拉伸训练；负重和不负重的拉伸训练。

②主动性静力拉伸

主动性静力拉伸训练，是指练习者在动作最大幅度时，依靠自身的肌肉力量和采用不同的伸展姿势保持静止姿势慢慢拉长的训练。这种训练方法能在很大程度上拉长肌肉而不会引起伸展肌肉的反射性收缩，安全性较高。

采用主动性静力拉伸训练法时，当肌肉软组织拉伸到某一程度时，保持静止状态的时间一般为8~10秒，重复次数为8~10次。

主动性静力拉伸训练法对发展肌肉、韧带等的伸展性有较好的作用，是发展柔韧性的主要方法。主动性静力拉伸的训练强度较小，且动作幅度较大，有助于节省体能，无须专门训练场地和训练器械，简单易行。

（2）被动性拉伸训练

被动性拉伸训练，是指练习者借助外力或同伴的作用，帮助进行伸展的训练。被动性拉伸训练可分为以下两种形式。

①被动性动力拉伸

被动性动力拉伸训练，是指在训练时，借助同伴或使用绳、棍棒、毛巾、橡胶带等的帮助进行伸展的训练。例如：借助同伴的帮助来增大压肩、举腿的动作幅度等。在被动性拉伸的训练过程中，练习者应重点注意与同伴不断交流，以确保在训练中肌肉、韧带拉伸的安全性，预防拉伤。

②被动性静力拉伸

被动性静力拉伸训练，是指练习者借助外力来保持固定或静止某一拉伸姿势的练习。例如：借助同伴的帮助来保持体前屈的最大幅度。

采用上述方法发展柔韧性素质时，需要注意以下几点：第一，应逐渐加大动作的幅度，使动作到位；第二，受力应由轻到重，使肌肉、韧带缓慢地被拉长；第三，应循序渐进，两种训练方法兼顾使用，避免受伤。

2. 柔韧训练的主要手段

发展肩部、腿部、臂部和脚部的柔韧性主要手段有：压、搬、劈、摆、踢、绷及绕环等练习。

发展腰部的柔韧性主要手段有：站立体前屈、俯卧背伸、转体、甩腰及绕环等练习。

3. 柔韧训练的基本要求

（1）做好充分的准备与放松活动

做好充分的准备活动，有助于提高肌肉的温度，有效降低肌肉内部的黏滞性。进行准备活动时，参加柔韧素质训练的练习者应当在体温逐渐升高之后，再进行训练，这样可以有效防止肌肉拉伤。进行柔韧素质训练时，练习者应逐步加大动作的速度、力量和幅度，切不可用力过猛。同时还应注意，在每个伸展练习之后，做好与动作呈相反方向的放松练习，以放松和恢复伸展肌群。

（2）发展柔韧素质与力量素质相结合

发展柔韧素质与力量素质相结合，不仅可以避免或消除两者之间不良转移，而且有助于两种素质的协调发展。柔韧性训练后要十分注意放松练习，以使肌肉柔而不软、韧而不僵。

（3）柔韧性训练应保持经常

柔韧性发展快，易见效，可是消失也快，停止训练时间稍长一些，就会消失，因此，柔韧性训练要保持经常。

（4）采用多种手段发展柔韧性

人的柔韧性素质发展较快，消退也快，所以柔韧性练习要经常，要持之以恒地进行下去。同时也要明白，柔韧素质并不是一时一日就能练成的，不要急于求成，以免肌肉、韧带拉伤。由此可见，在进行柔韧性练习时，应逐步提高，循序渐进，持之以恒。

(5) 保证充分的间歇时间

柔韧性练习要有一定的间歇时间，运动者练习一定时间后，要进行休息并在机体机能完全恢复的情况下进行下一组练习。恢复与否可根据练习者的自我感觉来确定，当其感觉已恢复并准备好做下组练习时便可开始。此外，练习间歇时间还受不同练习部位的影响，比如，做躯干弯曲动作后就应比做踝关节伸展动作后的休息时间要长。另外，在间歇休息时间可安排一些肌肉放松练习，或进行一些按摩等，使练习部位尽快得到恢复，也加强其恢复的能力，为下次练习加大关节活动幅度创造有利条件，使训练达到更好的效果。

（六）灵敏素质训练

灵敏素质是指运动员在各种突然变换的条件下，协调、快速、准确地完成动作的能力，它建立在力量、速度（反应速度、动作速度、移动速度）、柔韧、耐力、节奏感、协调性等多种素质和技能之上，主要表现为运动者的运动技能和各种运动素质。

1. 灵敏训练的主要手段

第一，让运动员在跑、跳当中迅速、准确、协调地做出各种动作，如快速改变方向的各种跑、各种躲闪和突然起动的练习，各种快速急停和迅速转体的练习等。

第二，专门设计各种复杂多变的练习，如立卧撑跳转体：由站立或蹲立姿势开始，听到"开始"信号后，练习者完成一次立卧撑动作，即刻接原地跳转180度。计算30秒内完成动作的次数。练习过程中要求动作正确、衔接连贯；持续练习30秒/组，共练习3组。

第三，各种调整身体方位的练习，如利用体操器械做各种较复杂的动作等。

第四，各种改变方向的追逐性游戏和对各种信号做出复杂应答的游戏等。

2. 灵敏训练的基本要求

(1) 有效调节训练者的心态

在进行灵敏素质训练时，教练员一定要采用各种有效的方法与手段，调节好练习者的心态，消除其紧张和恐惧的心理状态。因为人在心理紧张和恐惧时，肌肉等运动器官也必然紧张，这势必会使反应迟钝，动作的协调性下降，对训练的效果产生不利的影响。

(2) 要注意灵敏素质训练的时间安排

灵敏素质训练一般安排在运动员体力充沛、神经系统兴奋性较高时进行。可安排在训练课的开始部分或安排专门的训练课进行训练。运动员疲劳时，尤其是在大量运动负荷后一般不能安排灵敏素质的训练。

（3）要注意多种能力、多种技能的培养

灵敏素质是人体的一项综合素质能力。它的好坏不仅与运动员的素质，尤其是力量、速度、协调等素质密切相关，还与运动员掌握动作技能的数量有关。此外，运动员的观察力、判断力、思维反应能力及预测力对灵敏素质也有较大的影响。因而，在训练中要尽可能让运动员的训练全面化、多样化。不仅要全面发展他们的身体素质，还要尽量让他们掌握更多的动作技术。

第二节　技术能力训练

一、运动员技术能力理论

运动技术是完成体育动作的方法。参加不同体育项目的活动，须完成不同的动作，即需要学习和掌握不同的技术。运动技术只有符合项目运动规则的要求，才有利于运动员的生理、心理能力得到充分的发挥，有利于运动员取得良好的竞技效果。

（一）运动技术的基本特征

运动技术主要具有以下几点特征。

1. 与体育动作密切相关

运动技术与体育运动密切相关是其区别于其他技术最为显著的特征。由于运动技术只能通过运动员的身体动作得以表现，因此，又被称为"动作技术"等。

2. 动态发展性

在特定时刻，运动技术要求的合理性都是相对的和暂时的。伴随着运动员身心素质的提升和运动器械设备的不断改进，运动技术也处于动态发展之中。

3. 相对稳定性与应变性的统一

运动技术应具备相对稳定的动作结构。在比赛中，应力求保持这种结构。同时，随着比赛环境及比赛对手的变化，运动技术应随之进行调整。

4. 个体差异性

运动技术虽然必须具有运动的规范性和公认的动作规格，但由于运动员在身体形态、运动素质等许多方面具有独特性，因此运动技术须表现出一定的个体差异性。

（二）运动技术原理

运动技术原理主要包括生物学原理、心理学原理、社会学原理等。

1. 生物学原理

生物学原理具体可分为生理学原理与生物力学原理。

（1）生理学原理

通常认为，运动条件反射暂时性神经联系是运动技术形成的生理机制，因此，学习和掌握运动技术的生理学本质就是建立运动条件反射。

（2）生物力学原理

运动技术的生物力学原理是身体姿势，关节角度；身体及肢体的位移、运动时间、速度及加速度；用力大小及方向，用力的稳定性及动态力的变化速率等基本要素合理匹配的结果。

2. 心理学原理

目前，人们对运动技术的心理学机制予以了广泛关注，如运动技术学习与形成所需要的心理能力等。

3. 社会学原理

所谓社会学原理即美学原理，从某种意义上讲，"运动美"就是技术美、动作美。

（三）运动技术的动作要素

动作要素主要包括身体姿势、动作轨迹、动作时间、动作速度、动作力量和动作节奏等。

1. 身体姿势

身体姿势主要包括开始姿势、动作进行姿势和结束姿势，它是指身体的状态及身体各部位在空间所处的位置关系。

2. 动作轨迹

动作轨迹是指在做动作时，身体移动的路线，包括轨迹形状、轨迹方向和轨迹幅度。

3. 动作时间

动作时间是指动作从开始到完成所需要的时间，具体包括完成动作的总时间以及各个部分所用的时间。

4. 动作速度

动作速度包括初速度、末速度、平均速度、瞬时速度、角速度和加速度等，它是指在单位时间里身体移动的距离。

5. 动作力量

动作力量是人体内力和外力相互作用的结果，具体是指完成动作时，身体克服阻力所用力的大小。

6. 动作节奏

动作节奏是指在完成动作过程中用力的大小、时间间隔的长短、动作幅度的大小及动作快慢等。

（四）运动技术的影响因素

运动技术的影响因素既有主体因素，也有客体因素，下面对其进行具体分析。

1. 主体因素

影响运动技术的主体因素主要包括以下几点。

（1）人体结构力学特征

身体动作是运动技术的重要表现形式，而身体动作表现则以人体解剖结构作为基础。例如：人体关节的结构决定了动作的幅度，肌肉的结构和功能决定了动作的速度等。

（2）中枢神经系统的控制与协调能力

参加动作的肌肉群的协调程度在很大程度上决定了运动技术的合理性，而神经系统的协调能力对参加动作的肌肉群的协调程度有着重要的影响。因此，对肌肉的协调支配是中枢神经控制作用的重要表现。

（3）感知觉能力

运动员技术动作的完成离不开各种感知觉的参与，如肌肉运动感觉。运动员各种分析器的感受性经过反复训练之后能够得到高度发展。为了适应专项运动的要求，专门化知觉也得以形成和发展。运动训练实践表明，运动员感知觉能力的高低，在很多情况下，同其技术水平存在着紧密的联系。

（4）动作技能的贮存数量

运动员动作技能贮存的数量越多，就越能顺利地建立新的条件反射，掌握新的技术动作。

（5）运动素质的发展水平

运动素质（动作速度、力量、柔韧）对技术动作的完成和运动技术的质量有着重要的影响。运动员的运动素质发展水平对技术完成过程中身体各机制的协调配合有着直接的影响。可以说，运动素质的发展水平在很大程度上影响着运动员技能的发展。

（6）运动员个性心理特征

心理品质（注意力、思维、信心和意志等）直接会影响到运动员学习掌握技术和完成技术的质量，尤其是高难技术动作的掌握。

2. 客体因素

（1）竞赛规则

运动技术的发展方向和发展速度在很大程度上受到竞赛规则的影响。运动技术只有在竞赛规则允许的范围内才能存在和发展。无论是运动技术的学习、训练、掌握及运用，还是运动技术的创新，都必须遵循竞赛规则。

（2）技术环境

技术环境是指运动员周边相关群体（国家、地区或运动队）的整体技术水平。相关实践表明，良好的技术环境对于运动员学习、掌握和运用运动技术有着重要的作用。

二、运动员技术能力训练方法

运动员技术能力训练方法主要有以下几种。

（一）直观法与语言法

1. 直观法

直观法是指在运动员技术能力训练中，使运动员借助各种感觉器官，对练习形成一定的感性认识，进行正确思维，进而提高运动技术水平。在运用直观法时，应注意以下几点。

第一，根据实际情况，综合运用多种直观手段。一方面，要提高多感官的综合分析能力，实践表明，运动员综合利用感觉器官的能力越强，感知和掌握技术动作就越快。另一方面，要注重各种感觉器官作用的阶段性，技术动作训练的初始阶段，视觉作用较大；在提高过程中，应通过肌肉本体感觉对技术进行改进和完善。

第二，将直观法与启发运动员的积极思维相结合。感性认识只有通过积极的思维实现向理性认识的过渡，才能有效掌握动作。

第三，对于运动水平较低、年龄较小的运动员应更多使用电影、录像和示范等直观手段。

2. 语言法

语言法是指在运动员技术能力训练中，通过运用各种形式的语言，对运动员学习和掌握技术动作进行训练。"讲解"是语言法的主要手段。在进行讲解时，应做到语言精练、条理清晰、容易理解、具有启发性，并要注意讲解的时机。

（二）完整法与分解法

1. 完整法

完整法是指运动员从技术动作的开始到结束，进行完整的训练。这种方法的优点是有利于运动员准确把握动作的结构和各部分之间的联系，建立完整的技术动作概念。

2. 分解法

分解法是指将完整的技术动作分解成若干相对独立的部分，使运动员分别进行训练。这种方法的优点是有利于降低运动员练习的难度，使训练循序渐进地进行。

（三）想象法与表象法

1. 想象法

想象法是指运动员在进行训练之前，先在头脑中对技术要领进行想象，然后在练习中激活这些痕迹，进而顺利完成技术动作。

在运用想象法的过程中，要调动起各种感觉，即在头脑中对技术动作想象的同时，同步地与各种感觉结合起来，把头脑中的想象变成运动器官的操作性活动。

2. 表象法

表象法是指运动员通过回顾过去完成的正确技术动作以唤起临场感觉。通过多次动作表象，有利于提高运动员的表象再现及表象记忆能力，使运动员掌握正确的技术要求，进而提高心理稳定性。

（四）减难法与加难法

1. 减难法

减难法是指在技术训练中，以低于专项要求的难度进行训练的方法，如在跳远训练的踏跳练习中，以弹簧板代替踏跳板。这种方法常用于技术初学阶段。

2. 加难法

加难法是指在技术训练中,以高于专项要求的难度进行训练的方法。如在排球扣球技术训练中,加高隔网,从而增加了训练难度。这种方法常在优秀运动员训练中使用。

第三节　心理能力训练

一、运动员心理能力训练概述

(一)运动员心理能力的含义

运动员心理能力即指运动员与训练竞赛有关的个性心理特征,以及依训练竞赛的需要把握和调整心理过程的能力,是运动员竞技能力的重要组成部分。

(二)运动员心理能力的构成

根据运动的专项特点,运动员心理能力的构成要素主要有以下几点。

1. 运动知觉

精确的运动知觉是优秀的运动员应具备的心理竞技能力之一。运动知觉是运动员的大脑对客体在空间的位置移动及本体运动状态特征的知觉。运动员是通过视觉、听觉、机体觉及动觉、平衡觉、触觉等多种(感官)信息分析与综合之后所产生的专门化知觉。这种精细的专门化主体运动知觉的发展和形成,需要运动员长期坚持不懈地进行运动专项训练和比赛实践。

2. 注意力与转移能力

注意力是人的心理活动的指向性和集中性。运动比赛时间较长、比分变化等因素,对运动员的注意稳定性提出了较高的要求。尤其是在身体处于疲劳的情况下,能否高度集中注意力,常常是能否发挥出高水平的关键。注意的转移性是指一个人善于把自己的有关心理活动有意而迅速地从某一事物转向并集中于当时所应指向和集中的另一事物的能力。因此,优秀的运动员应具备高度集中的注意力以及较强的注意转移能力。

3. 思维性与灵活性

思维的敏捷性表现为面对问题能够做出迅速反应。随着运动竞赛水平的日益提高,对运动员的应变能力也提出了越来越严格的要求。

4. 心理相容性和内聚力

良好的心理相容性和高度的内聚力，不仅是运动员个人应具备的心理竞技能力之一，也是整个运动队应具备的重要素质。一支运动队只有具备了强大的内聚力和良好的心理相容性，才能最大限度地发挥集体的力量，取得比赛的胜利。

5. 情绪

运动中的情绪，主要是指那些与运动员的身体、生理活动相联系的情绪状态。运动是消耗体力、脑力并克服内外困难的紧张劳动。如果没有充沛情绪的推动，人体是不能从内部动员机体力量来完成复杂运动任务的。没有情绪的稳定性，就不能保证比赛的持续进行。

6. 意志品质

坚强的意志品质是运动员在长期训练和复杂的比赛中克服困难、赢得比赛的重要保证。运动员的意志表现与克服外部的（客观的）困难和内部的（主观的）困难密切联系。通常来说，比赛时间长、紧张比分等因素，对运动员的个人技术、身体状况等，都会形成外部和内部困难，需要运动员有坚强的意志品质去加以克服，从而使其运动水平得以充分发挥。

二、运动员心理能力训练的方法

（一）运动员心理能力训练的一般方法

1. 表象训练法

表象训练是指运动员在暗示语的指导下，头脑中对技术动作或比赛情境进行反复想象，从而促进自身运动技能提高和情绪控制能力增强的过程。运动员经常会采用表象训练这一有效的心理技术，以促进自身心理素质水平的提高。运动员采取表象训练法进行心理训练具体可以按如下步骤实施。

（1）对表象能力进行测定

通过测验来对运动员的表象能力进行评价是采用表象训练法的首要步骤。主要测验内容有表象的控制性；表象中的听觉、运动觉；相应情绪状态的强度等。

（2）对表象知识加以传授

在采用表象训练法进行心理训练的过程中，教练员应将表象训练的相关知识（概念、特征、作用等）传授给运动员，使运动员在了解表象训练的基础上参与到训练中，提高训练的效果。

（3）进行基础表象训练

运动员可以通过多种形式来进行基础表象训练，如通过赛场练习训练感觉、通过比率变化练习、上臂沉重感练习来对表象控制能力进行训练等。

2. 诱导训练法

诱导训练法是指在训练中采用有效刺激物把运动员的心理状态引导到某一个事物或方向上去的训练方法，可为顺利完成训练与比赛任务建立良好的心理状态。

从广义上讲，意念训练法也可以视为一种自我诱导方法。与意念训练法相比，诱导训练法的不同之处在于，运动员训练时是通过教练员、心理学专家等他人的诱导，或用录像带等外界刺激来完成的。意念训练法的诱导者是运动员自己，诱导训练法的诱导者则是他人。

诱导的途径是多样的。诱导者常常发出语言信号，由运动员的听觉器官接收信息，并按预定要求去实施。鼓励与批评、说服与疏导、启发与幽默都是语言诱导的常用手段。

使用诱导训练法应注意以下几点。

第一，诱导者是教练员、心理学家，也可是同伴，但均应是运动员愿意接受的。

第二，所采用的诱导手段应是运动员感兴趣的，能引起运动员注意力转移的。

第三，应从诱导的目的、手段、信息传递方式及结果等多方面计划安排某一次诱导训练，切不可随意滥用，以防产生副作用。

3. 模拟训练法

模拟训练是指模拟设置未来比赛中可能出现的条件进行的训练。在模拟未来比赛的条件下进行心理训练（或包括心理训练在内的综合训练），即模拟心理训练。通过模拟训练，可使训练与比赛的实际尽可能接近，使运动员在近似比赛的条件下，锻炼和提高对未来比赛的适应能力，以及情绪控制能力等。

在模拟训练中，组织训练的主体（教练员或心理学专家）主要通过所制造的模拟条件对训练的客体（运动员）实施心理训练和控制。模拟训练包括实景模拟训练和想象模拟训练。在模拟比赛的实际进程和条件的状况下进行训练叫实景模拟训练。

模拟训练内容包括很多，如对竞赛组成因素的模拟训练（技战术的模拟训练及心理状态的模拟训练等）；对包括比赛环境在内的环境条件适应性的模拟训练；适应比赛对手特点的模拟训练；适应"时差"的模拟训练等。

模拟训练时应注意以下几点。

第一，由于各运动项目不同，训练的"模拟点"也不同，应针对不同的项目选择不同的"模拟点"。

第二，为运动员参加比赛做好适应性训练的模拟训练，要对比赛的对手、环境、条件等各个方面进行详细的了解与分析，然后，根据分析研究的结果进行针对性训练，使训练尽可能与面临比赛实际相似。

第三，在模拟训练时常制订出几套方案，以提高运动员应付各种复杂环境的能力。

（二）运动员常见的心理现象及克服方法

1. 胆怯

心理胆怯是一些运动员经常出现的一种心理状态，心理胆怯使大脑皮层的控制系统陷入混乱状态，打乱了神经系统的控制，引起机能失调，使运动员在比赛时不能发挥出应有的水平。克服胆怯的方法是要找出使运动员胆怯的原因，解除思想负担。一般来说，造成运动员胆怯的原因有如下几种。

（1）惧怕名气大的对手。

（2）运动员不相信自己的力量，对比赛缺乏胜利的信心。

（3）参加大型比赛、重要比赛，使运动员压力过大，自觉不自觉地产生胆怯感。

（4）运动员对比赛胜败计较得过多，要求自己必须取得比赛的胜利，压力过大。

（5）对观众、环境不适应，会感到有一种特殊的刺激气氛，产生胆怯心理。

对运动员心理胆怯的克服方法，必须对症下药，有的放矢。教练员应认真查找运动员产生胆怯的原因，有针对性地采取有效的措施加以克服。

2. 紧张

不少运动员在比赛之前由于对比赛刺激因素及本人参赛条件做出了具有威胁性的评价，从而产生紧张的心理反应。运动员参加重大比赛之前需要一定的心理紧张，以便把机体各组织、器官、系统动员起来，特别是要提高中枢神经系统的兴奋性，以便动员人体潜在的能量，在比赛中创造出好成绩。但是，心理过度紧张，使大脑皮层对植物神经系统和皮层下中枢的调节活动减弱，呼吸短促、心跳加快，更有甚者四肢颤抖、尿频，这必然使运动员心理活动失常，很难把注意力集中到比赛上去；对动作知觉和表象模糊不清；对教练员的布置与嘱咐听不进去；失去控制自己行动的能力等，这都必然会影响到比赛的结果。

克服心理紧张的方法有如下几种。

(1) 表象放松法

这种方法是使运动员想象他通常感到放松与舒适的环境，让运动员在脑子里将自身置于这个环境之中，使身体得到放松。使用这种方法的关键在于使表象中的环境清晰，在大脑中能生动地看到想象的环境，增加情境对运动员的刺激强度。

(2) 自我暗示放松法

开始由教练员指导运动员依次放松身体的各个肌肉群，同时增强呼吸，经过几次指导之后，让运动员自己独立完成。在开始时要花费较长的时间才能使全身肌肉放松，以后会使时间逐渐缩短，最后可用较少时间使全身肌肉得到放松。在进行放松时，还可使用暗示语或录音带。

(3) 音乐调节法

选听不同的音乐能使人兴奋，也可使人镇定。音乐给予人的"声波信息"可以消除大脑所产生的紧张，也可以帮助人内在地集中注意力，促使大脑的冥想井然有序。在大赛之前，让心理紧张的运动员听听音乐，可以调节情绪。

(4) 阻断思维法

具体做法是，当运动员由于信念的丧失出现消极思维，引起心理紧张时，运动员利用大吼一声，或者向自己大喊一声"停止"，去阻断消极驱动力的意识流，以积极思维取而代之。教练员还可以确定一个响亮的信号供运动员作为阻断消极思维之用。此外，教练员还可帮助运动员确定一个用于代替消极思维的积极而切实可行的活动，用于阻断消极思维。

(5) 排尿调节法

人在情绪过分紧张时，会出现尿频现象。这是因为情绪过分紧张，大脑皮层抑制过程减弱，兴奋过度，使得大脑皮层下中枢和植物神经系统调节作用减弱，如果能及时排尿，会使运动员产生愉快感，使心理和肌肉得到放松。

3. 情绪激动

有些运动员在赛前情绪过分激动，表现为呼吸短促、心跳加快、四肢颤抖和心神不定，在行动上不能很好地控制自己的行动，知觉和表象不连贯，注意失调，遗忘与比赛有关的重要因素，记忆力下降等。

赛前过分激动状态的原因，主要是由于刺激物引起运动员大脑皮层抑制过程减弱，兴奋过程升高，致使大脑皮层下中枢和植物神经系统调节作用减弱。

克服情绪激动的方法有以下几种。

第一，运动员产生情绪激动与运动员的个人特点有关，有的运动员个性倾向比较突出，易冲动，在赛前很容易激动，对这样的运动员要加强自我调节能力的训练。

第二，运动员产生情绪激动与运动员的训练程度和比赛经验有关，应提高运动员的训练程度，丰富运动员的比赛经验，对少儿运动员或初次参加重要比赛的运动员更应如此。

第三，提高运动员的动机水平。参加训练与比赛的动机与倾向之间有着密切的关系，动机支配着行为，是直接推动运动员参加训练与比赛的内部动力。热爱事业，为祖国争光等高尚动机可以使一个运动员在参赛时的心理处于良好的战斗准备状态；而希望通过比赛出名获利，或显示一下自己的个人狭隘动机，则常常会在比赛中发生包括情绪激动在内的不正常的心理状态。平时，教练员应加强对运动员参加比赛动机的教育，使他们树立高尚的动机。

4. 情绪消极

情绪消极是指运动员在激烈竞争的刺激下，对超限心理负荷所产生的一种失常的心理体验。表现为心情不安、有恐惧感、紧张过度和情绪失控。由于这些心理状态的出现，使运动员的生理状态发生一系列的变化，如心跳加快、呼吸困难、四肢无力等，并会导致智能下降、知觉迟钝、行为刻板，对比赛失去信心。

克服情绪消极的方法主要有以下几种。

（1）暗示法

利用客观刺激物对运动员的心理进行调节，如在比赛中运动员看到教练员的从容表情，轻松的语言及和蔼的态度等都会得到鼓舞，消除消极情绪。运动员也可通过自我暗示，运用指导语来调节中枢神经系统的兴奋与抑制，从而形成一系列反射活动，使消极情绪得到控制。

（2）激励法

教练员应根据运动员个性与客观影响，激发运动员比赛的士气，把消极情绪转化为积极情绪。

（3）体验法

有消极情绪的运动员通过参加比赛去体验比赛，提高运动员对恐惧、紧张的免疫力，控制消极情绪的产生。

（4）转移法

运动员的恐惧、不安和紧张的心理状态往往是由于特定的思维定式和注意定向所引起的，对此可采用注意力转移方法，使用一些刺激物去消除引起情绪消极的诱因，从而减缓和排除消极情绪。

（5）升华法

在比赛中时常出现运动员的某些"能量"在一定场合下释放得恰到好处，可是在另一种场合下适得其反的现象。如勇气是运动员必备的品质，可是有时在某些场合下有的运动员也可能干出一些凭蛮劲而盲动的事情。这时，可以通过升华法，使运动员提高认识，增加克制力，规范自己的行为。

5. 心理淡漠

赛前淡漠状态与运动员大脑皮层兴奋过程下降，抑制过程加强有关。运动员心理淡漠，表现为情绪低落、意志消沉、精神萎靡、体力下降，对比赛缺乏信心，知觉、注意力强度减弱，反应迟钝，会严重影响比赛结果。

克服心理淡漠的方法有如下几种。

（1）帮助运动员形成崇高的比赛动机，端正对比赛的正确态度。

（2）防止赛前过度训练，使运动员情绪高涨，以饱满的热情参加比赛。

（3）帮助运动员分析比赛的情况，使他们正确认识比赛的主客观有利条件，并且应制定具体可行的比赛措施，使运动员增强比赛信心，鼓舞斗志。

6. 注意分散

注意是心理活动对一定事物的指向的集中。把注意集中在某一对象或活动上为注意的稳定性；和注意稳定性相反，是注意的分散，即通常所讲的"分心"。造成注意分散有客观与主观两方面的原因。外部刺激常易造成注意分散，如果出现一种能够引起不随意注意的客观事物时，常会吸引我们的注意力，从而出现注意分散现象。

克服注意力分散的方法有如下几种。

（1）在日常生活中使运动员养成做事有头有尾，坚持到底的良好习惯。

（2）在平时应加强培养运动员不为其他念头或事物干扰所分心的能力。

（3）使运动员对他所从事的事业、所实践的活动有强烈的愿望和浓厚的兴趣，这种来自内部的动机会使人的注意力高度集中。

（4）在比赛之前消除担心、害怕等心理状态，避免情绪波动。

（5）在参加比赛时，要引导运动员不要多想比赛的结果，而应把注意力集中在比赛的过程上。

（6）使运动员做一些视觉守点，听觉守音的练习，以使注意力集中。

例如：注意力集中看一个目标，然后闭眼努力回忆这个目标形象，多做几次，直至目标在头脑里清晰地再现为止。

7. 盲目自信

当一个运动员参加比赛的信心超过了他实际具有的能力时，便产生了盲目自信。

运动员产生盲目自信多是由于对即将来临的比赛的复杂性、艰巨性和困难情况估计不足，过高地估计自己或本队的力量，相信自己能轻易取胜所致。具体表现为：不认真分析与研究比赛的对策；对比赛漫不经心；注意力分散，注意强度下降；思维迟缓，自以为是；当遇到意想不到的困难与挫折时，表现得慌手慌脚，心情急躁，束手无策，对失败沮丧。

克服盲目自信的方法有如下几种。

第一，学习辩证唯物主义的方法论，使运动员学会科学、全面地分析问题。

第二，每次比赛之前，教练员都应带领队员实事求是地分析己彼各方的实力，充分估计可能出现的各种困难情况，使运动员处于良性的战斗准备状态。

第三，教育运动员认真对待每一次比赛，胜不骄，败不馁。

8. 心理焦虑

所谓心理焦虑是指运动员在训练与比赛中对当前现状，或者是所预计的结果对自尊心有潜在威胁的情境所具有的担忧倾向。

运动员适当的焦虑可以激起其改变自身现状的紧迫感，从而进一步谋求达到某种目标；但如果运动员对预计到的威胁产生过度担忧和过分的恐慌，此时，往往会夸大比赛的困难因素，小看自己的实际能力，害怕比赛成绩不好，害怕辜负了教练、家长及他人的期望而产生焦虑，则不利于比赛。

克服焦虑的方法有如下几种。

第一，进行积极的想象，采用放松训练的一些方法，消除焦虑情绪。

第二，引导队员把思想集中于比赛过程，少考虑比赛的结果。

第三，赛前也可以演练一下比赛的情形，把思想集中到比赛中去。

第四，在完成动作之前可以将整个动作及完成动作时的思想状态按照程序背诵一遍。

第四节 智能训练

一、运动员智能训练概述

(一) 运动智能及其构成

运动智能是智能中的一种,是指运动员以一般智能为基础,运用包括体育运动理论在内的多学科知识,参加运动训练和运动比赛的能力,是运动员总体竞技能力的重要组成部分。

现代运动训练与比赛对运动员智能水平的要求越来越高,甚至可以这样说,在某些情况下运动员智能水平的高低是决定比赛成败的关键,因此,要求每个运动员要充分理解运动智能对训练与比赛的重要意义。

(二) 智能训练的内容

1. 运动理论知识学习

运动理论知识学习主要包括一般运动知识学习和专项运动知识学习两个方面。

(1) 与运动训练有关的一般知识

运动生理学、运动解剖学、运动医学、运动生物力学、运动生物化学、运动训练学、运动心理学、体育教育学和运动竞赛学等。

(2) 与专项运动有关的知识

专项技术分析、专项战术分析、专项运动原理、专项训练原则、专项比赛规则、专门器械使用、裁判方法以及训练计划、训练方法、负荷与恢复、辅助措施以及自我监控等。

2. 运动智能因素培养

运动智能因素的培养主要包括以下几个方面的内容。

第一,运动行为的观察力主要是对自身运动行为的感知力和对外界物体运动的感知力。

第二,运动活动的实际操作能力主要在于学习、掌握和运用运动技术的能力等方面。

第三,运动活动的适应能力主要是为身体、技战术等方面的训练适应能力。

第四,运动行为的思维力主要是动作概念的准确性和战术思维的敏捷性、灵活性与创造性等。

第五，运动行为的记忆力主要是建立运动表象的速度和精确度。

二、运动员智能训练的方法

（一）一般智能的训练

运动智能的提高是以一般智能为基础的。提高影响智能的各个因素是提高运动智能的基础。

1. 观察力训练

观察是受思维影响的有目的的知觉活动。观察力是人在长期观察周围事物的过程中，掌握了观察方法，养成了观察习惯，形成有个性特点的观察能力。观察的基础是感觉，观察力是运动员应具备的主要智力因素。培养运动员的观察力最基本方法就是在比赛、训练时经常布置观察任务、传授观察方法、培养观察习惯。初次布置观察任务时，应做好准备，列出计划，明确任务，指明观察重点、程序以及写观察报告等。运动员掌握了观察方法之后，应及时布置观察任务，提出更高的观察要求。

2. 记忆力训练

记忆是以识记、保持、再认和回忆的方式对经验的反映。记忆是运动员重要的智力因素。记忆力训练就是发展记忆敏捷性、持久性和迅速正确再现等品质。发展记忆力的做法有：经常布置记忆任务，如记一次比赛成绩，一场比赛情景，一组连续动作形象；复述、回忆记忆材料；及时把感觉记忆转化为短时、长期记忆；学习记忆方法，掌握记忆术。

3. 思维、想象力训练

思维是智力的核心成分。思维训练的任务就是掌握思维规律，学会熟练运用思维，提高思维能力。思维训练的终极目标是发展脑的结构功能。

思维、想象力训练有以下几种方法。

第一，可通过对比赛进行分析预测、对赛场信息进行加工综合、对运动技术进行评述等方法发展运动员的逻辑思维能力。

第二，应在平时加强形象记忆力和想象力训练。如：组织两个人或多人做动作反应练习，学会区别真伪，从中总结经验；在头脑中设计动作，联系动作；加强理论教育，明确现象和本质之间的联系。要重视培养运动员的直觉能力，在训练中注意启发运动员发掘即兴的灵感，鼓励运动员谈出自己的奇思妙想，培养他们创造性的灵感思维。

第三，加强思维速度的训练。很多运动项目是在高速运动中进行的，在激烈的竞争中思维速度慢，便意味着失去时间、失去战机、失去取胜的机会。加强思维速度训练的基本方法是限时完成思维任务，学会简化思维步骤，开拓思路，养成集中注意力的习惯。

（二）运动智能的训练

1. 传授基础理论知识时发展智能

教练员在传授运动员基础理论知识的过程中，应注意发展其智能。具体方法如下。

（1）传授训练规律、训练原理的有关知识

训练规律和训练原理的知识是在长期运动实践的基础上总结与提炼出来的基础知识。传授中，要注重基本概念和基本原理等知识的教学，其不仅有利于运动员思维能力的发展，也有利于促进知识技能的迁移。

（2）多种教学方法结合运用

传授基础理论知识时发展智能的方法不能单一，要运用多种多样的教学方法，并且将这些教学方法有机地结合起来。

（3）理论与实践相结合

教练要启发和引导运动员把学习理论知识与运动训练实践结合起来，从而培养其运用知识于实践之中的实际操作能力。

2. 传授专项理论知识时发展智能

教练员在传授运动员专项理论知识时，也应注意发展运动员的智能。

具体方法如下。

（1）加强专项技战术分析和战术意识培养

注意发展运动员专项技术分析和培养运动员的战术意识。例如：在运用生物力学知识分析专项运动技术时，应注意培养运动员的观察力和思维力；利用电影、录像、图示、模型或教学比赛发展运动员战术意识时，应注意培养运动员的观察力、思维力、想象力和适应能力等。

（2）全面熟悉运动比赛

教练员应注意通过对学习运动器械的构造、性能和维修等知识，以及器材的使用、校准和保养方法的传授，培养运动员的实际操作能力；通过对比赛规则和裁判方法的传授，培养运动员的观察力和适应能力。

（3）全面了解各种知识

运动员应注意掌握训练计划、辅助措施、自我监控等知识。运动员要通过参与制订训练计划，发展自身的思维能力；通过学习卫生、保健和理疗，以及自我医务监督等知识，提高自我保健的操作能力。

3. 在运动训练过程中发展智能

发展运动员的智能竞技能力，还可在运动训练中实现。其具体方法如下。

（1）加强运动素质和技战术的训练

运动素质、技战术的训练对运动感知觉、运动表象力、动作概念力、战术思维力，以及实际运动能力和运动训练的适应能力的发展有着特殊的意义。通过训练，能使运动员认识运动训练的本质和规律，全面提高观察力、思维能力、记忆力、实际操作能力和创造能力等。

（2）经常参与模拟比赛实战训练

在训练过程中，运动员应有目的、有意识地参与到教学比赛或模拟比赛等实战训练中，从而培养自己将多方面的知识和技能运用于实践的实际操作能力，培养自己应付比赛的适应能力，以及提高运动行为观察力和战术思维能力等。

（3）科学地组织运动训练过程

运动员应学会科学地组织整个运动训练过程，并学会去探讨训练计划是否完善、训练内容是否恰当、训练方法是否合理等，从而提高自身的智能竞技能力。

（三）运动智能训练的基本要求

第一，运动智能训练应列入训练计划之中，在计划中应占有一定的比例。

第二，运动智能训练应根据对象实际情况（文化水平、专业基础知识水平及年龄特点等）选择内容，确定方法及分量。

第三，提高运动员对学习理论知识和发展运动智能意义的认识，动员他们的积极思维，启发他们参加运动智能训练的自觉性。

第四，应逐步建立运动智能测定和评价的制度。对运动员智能评定目前还没有一套更好的办法，实际工作中做得也不多，应进一步研究解决，对运动员智能评定应多结合训练与比赛实践过程进行，在实践活动中考察运动员的智能水平。也可以组织专门的测验和考察，然后给予评定。

思考题

1. 决定运动员体能发展水平的有哪些？
2. 简述运动员体能训练的方法。
3. 简述耐力训练的方法和手段。
4. 运动员技术能力训练方法是什么？
5. 简述运动员心理能力的构成。
6. 运动智能因素的培养主要包括哪些方面？

第三章 运动战术及其训练

任务导入

在现代运动训练中，对运动员技能的训练是一个非常重要的环节。其原因在于，运动员技能水平的高低直接关系其参加竞赛的成绩，运动员只有掌握了扎实的技能，并在训练中不断提升自己的技能，才有可能在竞赛中获得胜利。因此，虽然现代运动训练十分重视运动员整体素质的提升，但对运动员技能的训练仍一直占据十分重要的地位。同时，伴随着现代竞技运动的快速发展，运动技能训练也要不断予以创新，以适应现代运动发展的速度。战术是竞技体育比赛的重要组成部分，良好的战术素养是优秀运动员的基本素质，本章详细叙述战术的概念、分类等方面的知识，同时讲解训练方法、战术方案的制订等内容。

学习大纲

1. 能掌握运动员战术的概念，理解战术内容的构成和分类。
2. 学会战术方案的制订。
3. 了解战术训练方法和基本要求。

第一节 运动战术训练概述

一、战术的类型

依据不同的标准可以将现代运动的战术分为不同的类型。

（一）依据在比赛中执行战术的人数分类

依据在比赛中执行战术的人数，可将现代运动的战术分为个人、小组和集体（全队）

战术。

个人战术是指个人所完成的各种战术行动。在技能类一对一的对抗性项目中表现尤为明显。例如：拳击、摔跤、网球的单打等都是通过个人的战术与对手较量的，这时运用的战术就是个人战术。

小组战术是指全队在比赛中两三个运动员之间的协同配合所完成的战术行动。无论是体能类还是技能类的集体项目（包括双人）都存在着小组战术。例如：羽毛球、乒乓球、网球等双打项目一般采用的都是小组战术，运动员彼此间的体力、技术和战术以及心理因素协同配合形成了他们的战术行动。

集体（全队）战术是指由集体中的每个人的战术行动，按统一的方案所进行的合理配合所组成的战术行动。在集体对抗性项目中集体战术显得非常突出，合理有效的集体战术往往是取得胜利的关键。

在集体项目中，个人、小组、全队战术是紧密联系在一起的，个人战术是小组战术和全队战术的基础。只有当一个队是团结的集体，队里的分工既符合全队的任务，又符合每个运动员的个人能力和特长时，集体战术才能有效。同时，有效的集体战术还必须合理地运用预先掌握好的战术配合，并对比赛过程中突发的情况迅速做出果断的决定。

（二）依据战术表现的特点分类

依据战术表现的特点，可将现代运动的战术分为阵形战术、体力分配战术、心理战术。

阵形战术是在集体性项目中以一定的阵形，使每个运动员有一个相对的位置分工，并按一定的要求相互配合，从而构成一个完整的阵营形式去战胜对手的战术行动。例如：篮球运动中的二三联防阵形等。

体力分配战术是指通过体力的合理分配而取得胜利的战术行动。例如：在马拉松比赛中对运动员各个时间段的体能消耗的分配就属于体力分配战术。

心理战术是通过一些特定的方式和措施，造成对对手心理上的影响，而争取比赛胜利的战术行动。对一些技术性强的项目，心理战术更显得重要，如考虑体操比赛运动员出场的顺序时，第一名上场队员在比赛中的成功与否对后面队员的心理状态影响很大。

（三）依据战术的攻防性质分类

依据战术的攻防性质，可将现代运动的战术分为进攻战术和防守战术。

进攻战术是指利用掌握主动权的机会，通过个人的努力和集体的巧妙配合，对对方发动主动进攻所组成的有目的的战术行动。

防守战术是指在个人或全队退守的情况下，通过个人、小组或全队的努力与协同配合，为达到阻碍对方进攻，夺回主动权所采取的有组织有目的的战术行动。

进攻与防守战术主要运用在命中类的设防项目、制胜类项目和得分类项目中。在这些项目中，由于竞赛有着强烈的对抗性，因而，无论是个人项目还是集体项目在整个比赛中，始终处于发挥与反发挥、限制与反限制的激烈竞争之中。这样就迫使比赛的双方尽可能采用进攻战术达到以己之长，攻彼之短，或运用防守战术来限制对方之长，争取主动，夺取比赛的胜利。

二、战术在运动训练过程中的地位

战术是根据比赛双方的情况，正确地分配力量，充分发挥己方特长，限制对方特长，为战胜对手而采取的合理有效的计谋与行动。

战术训练是运动训练的重要内容。运动员的战术训练水平是构成其整体竞技能力的不可缺少的因素。一个运动员（队）的比赛成绩，除了取决于身体训练、技术训练、心理训练、智能训练和思想作风训练水平外，还取决于其战术训练水平。通常在运动训练过程中，把运动员根据项目特点、个人训练水平和比赛条件合理调控竞赛过程的能力理解为战术训练水平。比赛过程中战术的作用就在于把运动员已获得的身体、技术、心理、智能等训练水平，根据比赛双方的具体情况合理运用，充分发挥。

在技能类对抗性项目中，如篮球、足球、排球，比赛双方始终贯穿着发挥与反发挥、制约与反制约的激烈竞争。比赛双方为了力争主动，总是一方面力图发挥自己的特点，弥补自己的弱点；另一方面又要努力去限制对方的特长，扩大其弱点。这些意图的实现都是通过战术的合理行动而达到的。与技能类对抗性项目不同的周期性项目，其战术的主要部分则是选择和实施合理的比赛全过程的个人战术方案，如中长跑运动员在比赛过程中如何合理地分配自己的体力等。

战术训练水平同身体、技术和心理智能训练水平有着密切联系。如同场对抗类篮球项目中的全场紧逼战术，对于提高运动员机体的无氧代谢能力起着有益的作用。战术运用也是一个"斗智"的过程，有利于促进运动员智能的发展。

三、运动员战术意识培养的途径

战术意识的培养和提高有各种途径，最基本的应该是加强战术的教学和训练，让运动员比较系统地了解和掌握自己所从事运动项目的战术特征和竞赛的基本规律，在训练和比赛反复实践的基础上，不断积累经验。运动员战术意识的培养，具体可以从以下几个方面着手。

第一，对运动员进行战术理论的传授，使他们深刻地理解和掌握较多的专项战术知识。

第二，通过各种形式的训练和比赛，启发运动员对各种复杂情况的分析、判断和决策，培养他们的战术思维能力以及分析问题和解决问题的能力。

第三，使运动员明确处在不同情况下（如有球、无球、进攻、防守等）和不同位置的具体职责（包括任务、移动路线、与同伴配合的方式和时机等）。

第四，战术意识的培养与运动员的思维活动有着密切的关系。一个运动员思维活动的灵活性、预见性和创造性必然决定他的战术意识水平。

第五，使运动员熟悉本队队员及对手的特点，以便在比赛中能更好地准确判断出同伴的行动和对手的战术意图。

第六，通过比赛战例的分析和讨论，学习和了解专项战术的基本形式，比赛中战术变化的规律，以及当前战术发展的趋势，对变化情况及时恰当地处理。

第二节　战术方案及其制订

运动员要取得优异成绩，需要采用合理的技战术训练方法。选择技战术训练方法要具有针对性。随着运动技术的不断提高，常规的训练方法已经渐渐不能满足运动员运动竞技能力的快速提高。借助符合创新教育理念的新方法，在明确的目的性和针对性的前提下采用先进的训练方法，常用方法和特殊方法相结合，以提高运动员在运动技战术练习中的行为动机和学习兴趣，为有效提高运动员的竞技能力做铺垫。

一、模拟训练法

模拟训练是用一种模型去模拟另一系统，并借助模型，通过训练实践进行方案比较的一种"逐次逼近"最佳化的训练方法。要求在获得准确情报信息的基础上，通过与模仿重大比赛中主要对手的主要特征的陪练人员的对练，以及通过在与比赛条件相似的环境中的练习，使运动员获得特殊技战术能力的一种针对性极强的训练方法。

二、虚拟现实训练法

虚拟现实训练法是指运用高科技设备，将未来可能出现的比赛场景提前在电脑屏幕上"虚拟"出来，从而帮助运动员提高预见能力以及在各种情况下灵活有效地运用战术的能力的训练方法。该训练方法对训练器材有较高的要求。目前，运动体能训练仍然较少使用，但是未来这种训练方法应该会发挥越来越重要的作用。

三、比赛训练

（一）教学性比赛

在运动教学中，在体育教学规律或原理的指导下，以训练条件为基础，通过组织专项比赛的基本或部分规则进行训练的方法即为教学性比赛法。

（二）模拟性比赛

通过对真实比赛环境（包括对手状况、教练员、场地环境、观众情况等）的模拟，营造真实的比赛环境，使运动员严格按照比赛规则进行比赛训练。一般来说，技能主导类对抗性的运动项群中，模拟性比赛训练方法经常被采用。

（三）检查性比赛

在模拟或真实的比赛条件下，对运动员的比赛严格要求，训练的重点在于检验运动员在赛前训练的训练质量。该训练方法主要用于重大比赛前，适用于各种训练内容，对运动员在赛前的体能素质、运动技术水平、比赛承受能力以及专项运动成绩水平进行检查。

（四）适应性比赛

适应性比赛训练的比赛环境是真实的，是在正式比赛的环境下进行的。目的在于使运动员尽快适应重大比赛环境。例如，在重大比赛前组织的邀请赛、访问赛、对抗赛、表演赛等均属于适应性比赛。

第三节　战术训练及其要求

运动技术和战术训练有一定的准则和要求，要遵循这些要求才能达到更好的效果。运动技战术训练的过程是很复杂的，在训练的过程中要把握和处理好各种关系。本节阐述运动技战术训练应遵循的九个基本要求。

一、运动员技术训练的基本要求

（一）处理好基本技术与高难度技术的关系

基本技术是从事各个运动项目的基础，扎实的基本技术训练是运动员保持常高峰年限的重要条件。每个优秀运动员都进行过长时间的、系统的基本功训练。基本功训练到一定阶段，就要调整目标，向高难度技术进行挑战。难美类主导项目，对高难度技术要求更高。例如，我国跳水队在奥运会上取得成功的经验之一是，在训练中发展难度动作；在国际竞技健美操的比赛中，我国选手的难度动作的难度系数是相当高的，完成的质量高又体现出运动员扎实的基本功底。扎实的基本功可以让高难技术的发展速度更快，形成独有的绝技与风格。根据各个运动项目的技术特点、对象和训练阶段的具体情况，长期系统地抓基本技术训练，努力掌握高难技术，让基本技术和高难技术有效结合，才能不断提高技术的训练水平，创造优异的运动成绩。

（二）要考虑到运动员个人特点

在技术训练中，除了要求运动员按统一的技术规格要求外，还应考虑到运动员的个人特点，因人而异地提出不同的要求。一般技术模式只是从生物力学的角度规定了各个技术动作的要领方法，反映各项运动技术带有共性的普遍规律，而每个运动员在身体上、素质上、心理上有各自的特点，对他们实施技术训练也就不应按照一个不变的技术模式进行。在一些情况下，运动员的某些动作技术看起来不符合技术规格要求，但对该运动员来说，也可能是适合的。只有这样才能使训练更符合实际，才能扬长避短，充分发挥每个运动员的技术特点。

（三）处理好特长技术与全面技术的关系

不同的运动项目存在着特长技术和全面技术。其中，特长技术是运动员相对其他人掌握的、具有一定优势和个人特点的技术，全面技术是组成专项运动的各个动作技术，其间有着内在的联系，相互促进，相互影响，同时要求运动员要全面掌握组成专项运动中的各个技术动作。

特长技术虽然有助于提高运动员在比赛中获胜的概率，但全面技术则可以为运动员获胜提供一个良好的运动基础，对发展运动素质，提高运动成绩有重要的意义。所以，两者的有机结合可以有效提高训练的效果。

具体来看，首先技术全面不能忽视掌握重点技术。在技术全面掌握的基础上，要有针对性地精练几种重点技术。重点技术发挥要靠全面技术做保障，同样，能够系统地掌握和发挥全面技术也离不开重点技术的支撑。重点技术应从三方面来确定：①根据比赛分工的需要（如足球守门员的扑、打、滚翻、接球等技术）；②该项运动中带有关键性技术（如篮球的投篮、足球的射门）；③根据运动员个人特点，有利于发挥特长。

其次在掌握全面技术训练的同时应抓重点技术，如抓训练中专项关键性技术、分工技术、运动员特长技术等。在大力着手于特长技术训练的同时，更不能忽略全面掌握专项运动中的各项技术这一重点。其原因主要有两方面：一是在运动竞赛中，技术是否合理是保证特长技术能否发挥的重要条件。有时运动员运动成绩的取得取决于水平较低的技术而不是较高的（特长）技术，即运动员技术系统（技术群）在竞赛中所能发挥出的整体效应有时要服从"木桶原理"。所以说，随着运动训练实践发展的需要，在平时训练中应要求运动员的特长技术和全面技术有机结合。二是在专项运动技术动作群中，各种技术动作之间往往有着密不可分的内在联系，起着相互促进、相互影响的作用，我们把这种作用称为运动技术的"转移"。对于一个看似没有必要掌握和了解的辅助性技术，反而可能会影响特长技术水平的发挥。因此，在运动训练的实践过程中，教练员必须处理好运动员特长技术与全面技术的关系。

（四）科学安排训练时间

技术训练的时间安排一般有两种做法：一种是集中连续式的安排，一种是间隔式的安排。选用何种类型的安排应考虑到以下两方面的因素。

1. 训练任务

如果训练是以掌握技术为主,对初学者,宜采用集中连续式的安排,以便使运动员在大脑皮层留下深刻的技术"痕迹",留下牢固的技术记忆。如果训练是以改进、运用技术为主,便可采用间隔式的安排。

2. 技术复杂情况

技术复杂宜采用间隔式的安排,以便运动员逐渐地学习,保持训练的情绪。但是,要掌握好间隔的时间,不可间隔时间太长,以免头脑中记忆储存消失,影响技术训练质量。

(五) 循序渐进的同时"难点先行"

现代研究认为,在训练内容安排和训练方法手段的选择过程中,一般都要服从"学习—提高—巩固—再学习—再提高—再巩固"的程序。在各个技术的组成部分之间都有其自身的内在联系,所以要充分认识和利用这种内部存在的固有联系,沿着由低到高、由易到难等顺序练习,从而更有利于运动员打下坚实的基础。同样,现代运动技术训练实践的发展告诉我们,上述教学顺序也不是一成不变的唯一模式。在某些条件或情况下,"难点先行",即"先难后易……先深后浅"等模式,同样可以获得好的效果。

"难点先行"也绝不是不注重基本的技术,它只是一种技术训练的程序。这种训练程序的运用,运动员也必须具备一定的基本能力;在有些可能出现的运动损伤的项目中,如若运动员还没有通过基础训练获得较强的自我保护能力,若要练习高难技术,就必须采取有效的措施,防止造成运动中的损伤。归根结底,"难点先行"仍是"循序渐进"的一种特例,只是它是按照新的"序"来训练的。

(六) 注意技术规范的同时考虑运动员的个体差异

合理、规范和实用是所有运动技术都具有的特性。科学合理的运动技术必须符合力学和生物学的原理和规律。在这个基础上说,运动技术应该具有一定的规范,主体上是统一和一致的技术。

技术规范是一种理想模式的技术规格,是人们在技术训练时依据科学原理技术而总结的必须遵从的模式化要求。要符合技术规范提供的某些共性的标准,所以强调技术合理、规范和实用是所有运动技术都具有的特性。科学合理的运动技术必须符合力学和生物学的原理和规律。在儿童少年的学习技术训练的初级阶段,必须强调技术的规范化,还要重视个体的差异。因为某些特定的时期,一些运动员并不能同时具备一些特征,运动员的技术动作也很难完全符合技术规范的要求。因此，技术规范也只能为技术训练提供一些准则，指明一个基本的方向，而不可能深入每名运动员的技术细节中去。

技术规范的模式并不是一成不变的，各种技术要素之间互为依托和相互补充，运动员不同的个体条件也对专项技术产生极大的影响。由于运动员在技术训练中存在着个人的特点即个体差异，在技术的掌握过程中，也许不符合技术规格的动作但对其本人的练习与进步确实是有效的。所以，在技术训练中除必须要求运动员按技术规格练习外，还应注意运动员的个人特点。

二、运动员战术训练的基本要求

（一）树立正确的战术指导思想

战术训练不单纯是使运动员掌握几套比赛中运用的战术，而要使运动员首先树立正确的战术指导思想，才能使战术训练具有明确的目的性，使运动员更透彻地理解和掌握战术训练的内容。对集体项目来说，只有在正确的战术指导思想下进行训练和比赛，才能使全队思想统一，行动一致，形成一个坚强的战斗集体。要使运动员树立正确的战术指导思想必须把握以下几点。

1. 各运动项目竞赛过程发展变化的规律。
2. 国家、民族的特点。
3. 运动员参加竞赛的经验。
4. 运动员参加竞赛前的准备程度。
5. 全队的训练水平（包括身体、技术、心理训练水平等）。
6. 竞赛的条件和特点（包括竞赛的场地、裁判、观众等）。
7. 主要对手的情况。

（二）处理好"学习"因素与"训练"因素的关系

战术训练和战术学习是现代运动员战术训练过程的起点和基础，对整个战术训练过程产生重大影响。从特定角度认为，战术训练过程的实质是运动学习的过程。在这个过程中，包括接受信息，形成动作表象，建立动作程序；发出指令，完成动作；反馈和调整动作三个环节。

1. 接受信息，形成动作表象，建立动作程序

在战术学习时，运动员通过感觉器官从多种信息源上将所学的战术信息传到大脑皮层

进行一系列加工，从而形成战术表象。由于人的信息加工能力的有限性，神经中枢只能同时处理一组信息，对在这一时期接踵而来的战术，机体对它的反应就会相应推迟或者根本不做任何反应。所以，运动员在学习过程中掌握重要战术信息的多少、认知能力的大小及学习时机和情绪的控制与把握，对运动学习起着十分重要的作用。

2. 发出指令，完成动作

大脑皮质按照形成的动作方案，向有关运动器官发出指令。运动器官按此活动，完成动作。由于种种原因，开始完成的动作不可能与预定方案完全符合，这就要通过下面的反馈、调节过程进行修正。

3. 反馈和调整动作

反馈信息来自两个方面：一是运动员本身的各种感觉、知觉；二是外部他人给予的信息。反馈信息传到中枢神经系统与原来的动作方案对照，据此调整动作方案，再次发出指令，实施动作。经过多次循环往复才能形成战术能力。

从一定意义上来说，"学习"效果将直接决定战术训练的效果。所以，在战术训练中，首先，教练员要有选择、有重点地向运动员提供有关动作的信息，详细研究战术的实质及要领，围绕关键战术，结合运动员个人特点和所练战术的掌握情况，确定给予信息的内容、顺序及频率，以使运动员对战术较易形成清晰的认识。其次，注意给予信息的时间。按在运动中给予运动员信息的时间特征，可将它们分为同步信息、快速信息和滞后信息。同步信息应在动作完成过程中给予（如教练员的呼喊）；快速信息应在动作后25~30秒给予；滞后信息则是在练习或比赛后给予。

（三）做好运动员的战术意识培养

培养运动员的战术意识，是战术训练中十分重要的课题。比赛中战术运用要靠赛前对全面情况的了解、判断和制订周密的作战计划，同时，教练员根据临场情况的变化，做出相应决策的临场指挥。但是，更重要的是需要运动员有较强的战术意识。因为无论赛前情况了解得多么周密，临场指挥得多么及时正确，都不可能把运动员的个人和相互配合的每一行动、攻防中的每一位置的移动等在事先都加以预计和详细部署。而且比赛场上的情况是瞬息万变的，运动员在比赛场上既要按预定的战术行动，又要善于观察临场情况果断地采取相应措施。因此可以说，运动员在比赛过程中的每一行动，都应具有战术的性质。而这就要依靠比赛过程中运动员具有较强的战术意识。

在比赛过程中运动员战术意识的强弱，通常表现在以下几方面。

1. 在任何情况下，是否能保持战术思维的清晰、独立、敏捷和灵活性。
2. 能否经常使自己的行动与全队预先确定的比赛计划一致。
3. 能否在很短的时间内预见比赛进程的发展。
4. 能否使对手对自己的能力和意图产生错误判断。
5. 能否及时准确地预见到同伴和对手的行动。

（四）基本战术同多种战术相结合

在战术训练中，要使运动员精练几套基本战术，这样，运动员才能在临场比赛中，根据已掌握的基本战术，随着情况的发展，灵活变化运用自如。基本战术的确定应以最大限度地发挥每个运动员的特长和高度协同配合，发挥全体力量及体现本队的战术风格为依据。但战术的运用是极其复杂多样的，一场比赛只靠一两种战术往往是不够的。比赛开场、中场和终场等不同情况，领先、相持、落后等不同局面和临场各种因素的变化，都需要随之有战术的相应变化，而不能墨守成规。因此，在战术训练中，除了要掌握基本战术外，还应逐步建立起对待不同对手的多种成套的战术体系，以适应各种不同比赛对手。在战术训练中既不能华而不实，只求多而不求精，也不能把战术训练过于简单化。

（五）战术训练要同身体训练、技术训练、心理训练、智能训练相结合

战术是在身体、技术和心理及智能训练水平不断发展的基础上形成的。因为运动员竞技能力的各部分之间相互影响、相互联系、相互制约，综合反映在运动员本体上，所以运动员竞技能力各方面水平的提高对战术的形成、发展具有积极的意义。而在战术训练的同时也有利于运动员身体、心理和智能训练水平的提高。因此，把战术训练与身体、技术、心理、智能训练结合起来，能收到更加积极的训练效果。

思考题

1. 试述运动战术的构成及分类。
2. 试述虚拟现实训练法和模拟训练法、比赛训练法的含义。
3. 在比赛过程中运动员战术意识的强弱，通常表现在哪些方面？
4. 简述运动员技术训练的基本要求。

第四章 田径运动训练

任务导入

田径运动训练是提升学生专业技能水平，促进田径运动协调性，增强身体素质的重要途径，从训练过程来看，训练方法、技巧和训练时间的关系，往往决定训练效果。田径训练量与训练强度有直接关系，考虑到学生身心、生理条件，需要通过革新田径训练理念，完善田径训练教学体系，把握好训练内容与强度，关注训练恢复与调控，来提升田径训练教学质量。

学习大纲

1. 掌握田径运动的动作要领和技巧。
2. 能够将所学到的技巧运用到实践中。

第一节 田径运动概述

一、田径运动的定义

国际业余田径联合会章程第一条将田径运动定义为："田径运动是由田赛和径赛、公路赛、竞走和越野赛组成的运动项目。

二、田径运动的起源与发展

（一）径赛运动项目的起源

短跑起源于欧洲，当时 100 码、330 码、440 码设为跑的项目，19 世纪末赛跑距离由码制改为米制。中距离跑最初的项目是 880 码跑和 1 英里跑，从 19 世纪中叶开始，被 800

米跑和1500米跑项目所替代。长跑则有3英里跑、6英里跑，到19世纪中叶改为5000米跑和10,000米跑。跨栏跑，起源于英国，由牧羊人跨越羊圈栅栏的游戏演变而来，1935年有人将T形栏架改成L形栏架。接力跑，是以队为单位，每队4人，每人跑相同的距离。马拉松，原为希腊的一个地名，公元前490年，希腊军队在马拉松平原击退波斯军队的入侵，传令兵菲迪皮德斯从马拉松镇跑到雅典城，在报告胜利的消息后，因体力衰竭倒地而亡。

（二）田赛运动项目的起源

1. 跳跃项目的起源和沿革

跳远起源于古希腊奥林匹克运动，第一届现代奥运会上就设置了男子跳远项目，腾空动作从蹲踞式发展到挺身式、走步式。跳高技术动作经历了跨越式、剪式、滚式、俯卧式和背越式五次重大演变。撑竿跳高，其发展经历了木质竿、竹竿、金属竿和玻璃纤维竿几个历史时期。

2. 投掷项目的起源和沿革

铅球源于14世纪40年代，当时欧洲有了火炮，炮兵们为了提高作战能力，锻炼身体和娱乐，利用与炮弹重量相同的石头进行推远比赛。标枪是四大投掷项目中唯一允许助跑的项目，最早的标枪比赛是在古希腊奥林匹克运动会上的五项运动中。当时不但比掷远，还比掷准。铁饼是一项古老的运动项目，早在公元前708年第18届古代奥运会上，掷铁饼就被列为五项竞技之一。

（三）全能运动的起源

1880年，现代全能运动出现在美国。当时十项全能由100米跑、铅球、跳高、800米竞走、16磅链球、撑竿跳、120米跨栏跑、56磅重物投掷、跳远和1英里跑10个单项组成，比赛持续一整天。现代全能运动比赛两天（男子十项全能第一天：100米跑、跳远、铅球、跳高、400米跑；第二天：110米栏、铁饼、撑竿跳、标枪、1500米跑。女子的七项全能比赛第一天：100米栏、跳高、铅球、200米跑；第二天：跳远、标枪、800米跑）。

三、奥运会田径竞赛项目设置

第一届古代奥林匹克运动会是公元前776年在希腊奥林匹亚举行的，比赛只有短跑一个项目。公元前 724 年第 14 届古代奥运会出现了中跑；随后，出现了长跑；第 18 届古代奥运会出现了 5 项竞技比赛，即赛跑、跳远、掷铁饼、掷标枪和摔跤。

第一届现代奥林匹克运动会，田径是核心项目，包括 100 米、400 米、800 米、1500 米、马拉松、110 米栏、跳高、撑竿跳高、跳远、三级跳远、铅球和铁饼，共计 12 个男子田径项目。在阿姆斯特丹第 9 届奥运会上首次出现了女子田径比赛，包括 100 米、800 米、4×100 米接力、跳高、铁饼 5 项。

至今，奥运会田径项目已有 47 个，其中男子 24 项，女子 23 项。

四、田径运动的特点

（一）项目多

仅奥运会正式比赛就有四十多个单项，包括走、跑、跳、投和全能，可以全面发展各项身体素质，掌握多种运动技能，是各项体育运动的基础。

（二）影响大

田径运动除单独进行比赛外，世界上各种级别和类型的综合性运动会都将田径设为主要比赛项目。由于田径比赛按单项设奖与计分，奖牌数近一百三十枚，总分达一千六百多分，因此往往决定着参加单位的比赛名次，同时田径运动也是衡量一个国家和地区体育运动水平的主要标志。

（三）竞争性强

田径运动要求在最短时间内表现出最大的速度和力量，或在较长时间内持续运动，运动强度大，竞争非常激烈。

（四）既具有个体性又有群体性

田径运动主要以个人为单位参加比赛，还有以队为单位参加的接力赛、越野跑、竞走团体赛，团体总分和名次是由个人得分和名次相加决定的。

基于以上特点，国内外素称"田径运动是基础""田径是体育运动之母""得田径者得天下"等。

第二节　跑训练

一、短跑

短跑是田径赛项目中的一类，一般包括60米跑、100米跑、200米跑和400米跑等几项。短跑运动的特性是人们同时以最快的速度，在确定的跑道上跑完规定的距离，并以最先跑完者为优胜的项目；在人体机能供能方面，表现为人体最大限度地发挥人的本能，并以无氧代谢供能的方式供能。

短跑技术是一个不可分割的完整体，为了便于分析，可把它分为起跑和起跑后的加速跑、途中跑和终点跑四部分。

（一）短跑的技术

起跑的任务是获得向前冲力，使身体迅速摆脱静止状态，为起跑后加速创造有利的条件。

1. 起跑器的安装

起跑器安装的方法有"普通式""拉长式""接近式"三种。

通常采用"普通式"，前起跑器安装在起跑线后一脚半（40~45厘米）处，后起跑器距离前起跑器一脚半，前、后起跑器的支撑面与地面分别成40~45度角和70~80度角，两个起跑器的中轴线间隔约15厘米。

2. 起跑技术

起跑技术包括"各就位""预备""鸣枪"（或"跑"）三个阶段。听到"各就位"口令后，做2~3次深呼吸，轻快地走到起跑器前，两手撑地，两脚依次踏在前、后起跑器的抵足板上，后膝跪地，两手放在紧靠起跑线后沿处，两臂伸直，肩与起跑线平行，两手间隔比肩稍宽，四指并拢和拇指成八字形支撑，颈部自然放松，两眼视前下方40~50厘米处，注意听"预备"口令。

听到"预备"口令后，随之吸一口气，平稳地抬起臀部，与肩同高或稍高于肩，重心适当前移，肩部稍超出起跑线，这时体重主要落在两臂和前腿上。"预备"姿势应当稳定，两脚贴起跑器抵足板，注意力高度集中。

听到枪声，两手迅速推离地面，两臂屈肘有力地做前后摆动，两腿迅速蹬离起跑器，使身体向前上方运动，前腿快速有力地蹬伸髋、膝、踝三个关节。

3. 起跑后的加速跑

起跑后的加速跑是从后腿蹬离起跑器到途中跑之间的一个阶段，其任务是充分利用向前的冲力，在较短距离内尽快地获得高速度。

当后腿蹬离起跑器并结束前摆后，便积极下压着地。第一步的着地应尽量靠近身体重心投影点，脚着地后迅速转入后蹬。前腿在蹬离起跑器后也迅速屈膝向前摆动。

起跑后的最初几步，两脚沿着两条相距不宽的直线前进，随着跑速的加快，两脚着地点就逐渐合拢到假定的一条直线两侧。加速跑的距离，一般为25~30米。

4. 途中跑

途中跑是短跑全程距离最长、速度最快的一段，其任务是继续发挥和保持高速度跑。摆动腿的膝关节迅速有力地向前上方摆出，支撑腿在摆动腿积极前摆的配合下，快速有力地伸展髋、膝和踝关节，蹬离地面，形成支撑腿与摆动腿协调配合动作。

第一，腾空阶段。小腿随着蹬地后的惯性和大腿的摆动，迅速向大腿靠拢，形成大小腿边折叠边前摆的动作。与此同时，摆动腿以髋关节为轴积极下压，膝关节放松，小腿随摆动腿下压的惯性，自然向前下伸展，准备着地。

第二，着地缓冲阶段。着地动作应是非常积极的，在途中跑时，头部正直，上体稍有前倾，两臂前后摆动要轻快有力。

第三，弯道跑。从直道进入弯道跑时，身体应有意识地向内倾斜，加大右腿的蹬地力量和摆动幅度，右臂亦相应地加大摆动的力量和幅度，有利于迅速从直道跑进弯道。

弯道跑时，身体应向圆心方向倾斜。后蹬时右腿用前脚掌的内侧用力，左腿用前脚掌的外侧用力。弯道跑的蹬地与摆动方向都应与身体向圆心方向倾斜趋于一致。

5. 终点跑

终点跑是全程跑的最后一段，任务是尽力保持途中跑的高速度跑过终点。终点跑的技术是，要求在离终点线15~20米处，尽量保持上体前倾角度，加快两臂摆动的速度和力量。在跑到距离终点线一步时，上体急速前倾用胸部或肩部撞终点线，并跑过终点，然后逐渐减慢跑速。

(二) 短跑的专门练习

1. 小步跑

上体正直，肩放松，两臂前后自然摆动，髋、膝、踝关节放松，迈步时膝向前摆出，髋稍有转动。当摆腿的膝向前摆动的同时，另一大腿积极下压，足前掌扒地式着地。着地时膝关节伸直，脚跟提起，踝关节有弹性。

2. 高抬腿跑

上体正直或稍前倾，两臂前后摆动。大腿积极向前上摆到水平，并稍稍带动同侧髋向前，大小腿尽量折叠，脚跟接近臀部。在抬腿的同时，另一腿的大腿积极下压，直腿足前掌着地，重心要提起，用踝关节缓冲。

3. 后蹬跑

上体正直或稍前倾，两臂自然摆动，摆动腿积极向前上方摆出，躯干扭转，同侧髋带动大腿充分前送。在摆腿的同时，另一腿的大腿积极下压，足前掌着地，膝、踝关节缓冲，迅速转入后蹬。后蹬时摆腿送髋动作在先，膝、踝蹬伸在后，腾空阶段重心向前，腾空时要放松，两腿交替频率要快。

4. 后踢小腿跑

上体正直或稍前倾，两臂前后自然摆动，足前掌着地，离地时足前掌用力扒地。离地后小腿顺势向后踢与大腿折叠，膝关节放松，脚跟接近臀部。

5. 折叠腿跑

上体正直或稍前倾，两臂前后摆动。后蹬结束立即向前上方抬大腿和收小腿，膝关节放松，大小腿充分折叠，边折叠边向前摆动。在摆腿折叠前摆的同时，另一腿的大腿积极下压，足前掌着地，膝关节缓冲。

二、接力跑

接力跑技术包括短跑技术和传接棒技术。接力跑的成绩不仅取决于队员跑的速度，而且队员之间的相互配合也很重要。

（一）起跑

持棒起跑：第一棒传棒人持棒（以右手为例），采用蹲踞式起跑，按规则接力棒不得触及起跑线和起跑线前的地面。持棒起跑技术和短跑的起跑相同，持棒方法主要有三种。

1. 右手的食指握住棒的后部，拇指与其他三指分开撑地。
2. 右手的中指、无名指握住棒的后部，拇指、食指和小指成三角撑地。
3. 右手的中指、无名指和小指握住棒的后部，拇指和食指分开撑地。

接棒人起跑：接棒人站在接力区后端线或者说预跑线内，选定起跑位置，两脚前后开立，两膝弯曲，上体前倾。接棒人应站在跑道外侧，左腿在前，右手撑地保持平衡，身体重心稍偏右边，头部左转，目视传棒人的跑进和自己起跑的标志线。当传棒人员跑到标志线时，接棒人员便迅速起跑。

（二）传接棒方法

1. 上挑式

接棒人的手臂自然向后伸出，手臂与躯干成40~50度角，掌心向后，拇指与其他四指自然张开，虎口朝下。传棒人将棒向前上方送入接棒人的手中。

这种传棒方法的优点是接棒人向后下方伸手臂的动作比较自然，传棒人传棒动作也比较自然，容易掌握；缺点是接棒后，手已握在接力棒的中部，如不换手再传给下一棒时，则只能握住接力棒的前部，容易造成掉棒和影响快速前进。

2. 下压式

也称"向前推送"的传接棒方法。应当强调指出，在传棒时，手臂不要太高，而是用手腕动作将棒向前下方推送入接棒队员手中。并且，传棒人可以用手腕动作来调整传棒动作的准确性。在做此动作时，接棒人的手臂向后伸出，手臂与躯干成50~60度角，手腕内旋，掌心向上，拇指与其他四指自然张开，虎口朝后，传棒人将棒的前端由上向下压入接棒人手中。下压式传接棒技术的优点是每一棒次的接棒都能握住棒的一端，便于持棒快跑；缺点是接棒时，接棒人的手臂比较紧张，不够自然。

3. 混合式

第一棒用"上挑式"传棒，第二棒用"下压式"传棒，第三棒仍用"上挑式"传棒。

（三）传接棒的位置和起跑标志线的确定

1. 传接棒的位置

接棒人站在预跑线内或接力区的后端，待传棒人到达标志线时便迅速起跑；传棒队员跑进接力区后在最合适的位置，将接力棒迅速无误地传给接棒队员。

2. 起跑标志线的确定

接力跑各棒次的标志线是接棒人起跑的标志，它是根据传棒人和接棒人的跑速和传接棒技术熟练程度确定的。标志线设置的位置一般是在预跑线的后面，也可以设置在预跑线前面。

（四）接力跑的练习方法

第一，原地站立，持棒摆臂，做上挑式、下压式的传接棒练习。传、接棒队员前后相距1米左右，传棒人持棒手一侧肩对着接棒手一侧肩，前后站立，传棒人发出信号后，接棒人立即伸手准备接棒。

第二，在走步或慢跑中做传接棒练习。

第三，在跑动中测定起跑标志线位置。

第四，两人一组在快跑中进行直道与弯道上的传接棒练习。

第五，4×100米接力的全程跑练习。

三、跨栏跑

（一）110米栏技术

110米栏的栏架高1.067米，过栏和栏间跑的速度相当快，是跨栏跑中技术难度最大的项目。

110米栏采用蹲踞式起跑。前起跑器安装在距起跑线一脚半到两脚处，后起跑器距前起跑器约一脚远，两起跑器间宽15~20厘米。做"预备"姿势时，臀部抬至超过肩的部位，体重由撑地的两臂和前腿负担，头保持和躯干成一直线，集中注意力等待鸣枪。

1. 起跑至第一栏技术

鸣枪后跑出的动作和短跑的起跑动作基本相同，起跑时应把起跨腿放在前起跑器上，起跑后前几步都必须有足够的步长。

110米栏起跑因受第一栏前固定距离（13.72米）和固定步数的制约，应特别注意步长的准确。

2. 栏间跑技术

栏间第一步的水平速度因过栏有所降低，为了争取第一步必要的步长，应充分发挥踝关节及脚掌力量，用力摆臂也能起到提高蹬地效果和加快动作频率的作用。

第二步动作结构的支撑与腾空时间关系大致与短跑途中跑相同。第三步因准备起跨形成一个快速短步，动作特点与跨第一栏前的最后一步相同。第三步应是栏间跑速度最快的一步。

3. 过栏技术摆动腿过栏动作

过栏技术即原地做摆动腿模仿练习：栏前直立，面对栏架，摆动腿屈膝高抬，膝盖达到栏架高度时，小腿迅速向前摆出，接着积极下压大腿，摆动腿基本伸直，脚掌靠近栏板，然后下落，用脚掌在身体重心投影点前落地，熟练后可连续做。

走步中做摆动腿、"鞭打"动作：腿的折叠、高抬，前摆小腿及下压大腿都与前一练习相同。走三或五步做一次，强调膝高于踝，不出现踢小腿的动作，熟练后加上两臂的配合动作，练习速度适当加快，注意动作放松。

走步中做摆动腿经栏上的栏侧过栏：站在起跨腿一侧，从栏前一米处起跨，摆动腿屈前摆，伸出小腿经栏板上向栏后积极直腿下落，起跨腿配合做小幅度的提拉动作，熟练后在慢跑中接连跨3~4架栏。

原地提拉起跨腿过栏：双手扶肋木站立，在起跨腿一侧距肋木1~1.2米远横放架栏，上体稍前倾，眼平视，起跨腿屈膝经腋下向前提拉，膝部提举到身体正前方，身体不要扭转或偏斜。先做单个提拉动作，后连续做，动作速度由慢到快。栏架也可以纵放。

起跨腿过栏动作：动作同前，栏前走两三步后经栏侧提拉起跨腿，摆动腿做小幅度动作配合，以体会两腿的剪绞，身体过栏后，双手抓肋木，起跨腿提举至身体正前方。

栏侧做起跨腿练习：过3~4架栏，栏距7~8米，先走步中做栏侧过栏，后慢跑或快跑，做起跨腿经栏上过栏。起跨腿蹬地要充分，不急于向前提拉，当摆动腿移过栏架下落时，迅速提拉起跨腿过栏。

学习过栏时两腿的剪绞动作和上下肢的配合动作：从原地站立开始做"跨栏步"中两腿剪绞换步动作，摆动腿屈膝高抬大腿，随之前伸小腿用前脚掌落地，摆动腿下落的同时，蹬离地面的起跨腿屈膝经体侧向前提拉超过摆动腿。

动作同上，在小步跑中连续做过栏模仿动作，跑三步后做一次"跨栏步"。应注意跑的直线性并有节奏，身体正对前方，同时注意两臂的配合用力。

原地摆腿过栏：上体正直面对低栏站立，将摆动腿大腿放在栏架横板上，小腿放松下垂，做两三次轻微摆小腿后，起跨腿蹬地，当伸直的摆动腿下压时，起跨腿迅速收起提拉过栏。

在走、跑中做栏侧过栏：强调两腿配合，摆动腿虽然不经过栏板上方，也必须完成折叠、举膝、伸下腿下压的动作。练习时在跑道上放3~6架栏，栏间相距7~8米，跑三步。当两腿配合剪绞的同时，两臂按动作要点做好前伸后摆等动作。

高抬腿跑中从栏侧或经栏上过栏：高抬腿跑至栏前，保持高重心，距栏约1米处起跨，过栏动作同前，但幅度小，腾空时间短，注意上下肢配合，身体始终直立不前倾，尽量不上跳，下栏后继续高抬腿跑准备过下一个栏。

(二) 学习过栏技术时的主要错误和纠正方法

1. 起跨时身体重心低,蹬地不充分,屈腿跳栏

(1) 产生原因

栏前跑的技术差,速度过慢,后两步拉大步降低身体重心,用脚跟踏地起跨或全脚掌击地造成很大制动,起跨时蹬摆配合差,下肢力量差,屈膝缓冲过大,心理上怕栏。

(2) 纠正方法

一是纠正栏前跑的技术,形成较准确的步长,提高起跨点准确度。降低栏架高度,缩短栏间距离,用高重心跑。在最后两三步按标志跑,检查纠正后两步的"短步"关系。二是做起跨攻栏模仿练习,建立高重心起跨的肌肉感觉。三是练习跳绳、负重跳跃、长距离多级跳及双脚连续跳栏架(栏高 76.2 厘米),发展下肢各关节及脚掌肌肉力量。

2. 高跳过栏,身体腾空时间过长

(1) 产生原因

起跨腿膝关节弯曲过大,脚跟着地,蹬地角度大,垂直分力过大。起跨点离栏架太近,限制摆动腿向栏迅速前摆,怕碰栏受伤。摆动腿踢腿上摆,前伸小腿缓慢,下放摆动腿消极。

(2) 纠正方法

一是改变起跨点,使之不短于自己七个脚掌长,适当加快栏前跑的速度。学习正确放脚起跨技术,保持高重心起跨姿势,用橡皮条代替栏的横板,消除怕栏顾虑。二是掌握摆动腿屈腿摆动攻栏技术。

3. 摆动腿直腿摆动攻栏或屈小腿绕过栏板

(1) 产生原因

对摆动腿的动作概念不清。摆动腿膝关节紧张,小腿过早前伸。摆动腿大小腿折叠不够,大腿屈肌力量差,起跨前大腿抬不高。

(2) 纠正方法

一是详细讲解摆动腿屈膝摆的技术,反复做屈腿摆的各种模仿练习。例如,面对肋木站立,距肋木 1.2~1.4 米,摆腿在体后开始折叠大小腿,以膝领先屈腿前摆,大腿在体前抬平后迅速伸出小腿,脚掌伸向肋木约与腰高的部位,支撑腿蹬地的同时前倾上体,手扶肋木。二是连续做摆动腿屈膝前摆的"鞭打"动作。三是身体直立或双手撑肋木站立,摆动腿屈膝前抬,膝部负 10~15 公斤重沙袋连续高抬,以发展髂腰肌和大腿屈肌的力量。四

是大量重复做摆动腿栏侧过栏练习，要求大腿高抬后再前摆小腿，膝关节放松。

4. 腾空后两腿动作消极，剪绞时机不正确

（1）产生原因

起跨腿蹬地不充分，过早开始提拉。两腿肌肉伸展能力差，髋关节灵活性差，不能在空中做出较大幅度的劈叉分腿动作。摆动腿时直腿摆动下压不积极。

上体直立妨碍起跨腿用力提拉，或两臂摆动和腿的动作不协调。

（2）纠正方法

做起跨腿栏侧过栏，要求充分蹬伸起跨腿，不急于提拉。适当加长起跨距离，加快跑速，用大幅度动作完成快速剪绞过较低的栏架。发展两腿后群肌肉伸展性，改善髋关节灵活性与柔韧性，经常做压腿和劈叉练习，包括纵劈叉与横劈叉练习。

5. 过栏时摆动腿的后侧或起跨腿的膝、踝内侧碰及栏板

（1）产生原因

摆动腿碰栏是因为起跨点过远，摆动腿向前速度太慢，或折叠高摆不够，上体前倾过大。起跨腿的膝、踝内侧碰栏板是因为大小腿和脚掌在提拉过程中部位不正确，另一原因是起跨腿提拉时膝未外展。

（2）纠正方法

一是重复练习原地支撑提拉起跨腿过栏动作，要求膝稍高于踝，小腿收紧，足内侧保持和地面平行（足尖勿下落）。二是提拉起跨腿时，及时做出前倾上体的动作。调整起跨点，加强摆动腿大腿高抬的能力。

四、中长跑

中长跑是中距离跑和长距离跑的简称，属800米以上距离的田径运动项目。中距离跑项目有男、女800米和1500米；长距离跑项目有男子5000米和10,000米，女子3000米、5000米和10,000米。中长跑是历史悠久且开展普遍的运动项目，在两千多年前的古代奥林匹克运动会上就有中长跑比赛。19世纪，中长跑在英国已盛行，后来世界各国也都相继开展起来。中国从1910年起也有了中长跑的比赛。中长跑的动作要注意向前运动的效果，身体重心不要下降过大，两腿、两臂动作自然放松省力，两腿落地要柔和并有弹性。中长跑采用的训练方法有重复训练法、间歇训练法、快慢交替训练法以及山坡跑、沙滩跑、高原训练等。

中长跑的技术要领及其训练有如下各项。

（一）呼吸

中长跑的距离长，消耗能量大，对氧气的需求量也大。因此，掌握正确的呼吸方法至关重要。中长跑能量消耗大，机体要产生一定的氧债，为了保证机体对氧气的需求，呼吸必须有一定的频率和深度，还必须与跑的节奏相配合，一般采用两步两吸、两步两呼，呼吸时采用口呼吸的方法。随着跑的速度加快和疲劳的出现，呼吸的频率也有所增快。

（二）起跑及起跑后的加速跑

1. 站立式起跑

各就位时，运动员从集合线走到起跑线处，两脚前后开立，将有力的腿放在前面，前脚尖紧靠起跑线后沿，后脚距前脚约一脚的距离，两脚的左右距离自然开立，上体前倾，两膝弯曲，两臂一前一后，身体重心主要落在前脚上，保持稳定姿势，集中注意力听枪声。

2. 起跑后的加速跑

起跑后上体保持前倾，脚尖着地，腿的蹬地和前摆以及两臂的摆动都应快速积极，逐渐加大步伐和加快速度，随着加速段的延长，上体逐渐抬起，进入途中跑。加速段距离的长短和速度，应根据个人特点、战术需求和临场情况而定。

（三）途中跑

1. 直道跑技术

跑直道时要求两脚沿平行线跑，抬腿既不靠内也不靠外，正直向前，两脚皆用脚前掌扒地跑。

2. 弯道跑技术

跑弯道时要求左脚前脚掌外侧、右脚前脚掌内侧着地，左腿膝关节外展和右腿膝关节内扣，身体重心向内倾斜协调用力，速度越快倾斜角度越大，右臂的摆幅稍微大于左臂摆幅。

（四）冲刺跑

冲刺跑是临近终点前一段距离的加速跑。主要任务是运用自己的全部力量，克服疲劳，力争在最后阶段跑出好成绩。冲刺跑的技术特点是在加快摆臂速度和加大摆幅的同时配合腿部动作加快频率。冲刺跑的距离根据自己的体力情况、战术要求和临场情况而定。在通过终点时，在接近终点一步前身体躯干前倾，做出撞线动作。

（五）单个动作技术分析

1. 上体姿势

上体正直或稍前倾，头部与脊柱成一条直线，胸部正对前方，下颌微收，两眼平视，颈部放松，整个躯干自然而不僵硬。这里要格外注意上身不要过大地左右晃动。

2. 摆臂姿势

两臂弯曲约成90度，两手放松或半握拳，肩带放松，以肩为轴，自然地做前后摆动。前摆时稍向内，后摆时稍向外。摆动幅度随速度变化而变化，速度快时臂的摆幅大。

3. 腿部动作

（1）抬高大腿

跑步的速度是步幅和步频共同决定的，因此有大的步幅是非常重要的，而要获得大的步幅最重要的就是抬高大腿，因为只有抬高大腿才便于前脚迈得更远。

辅助动作练习：原地高抬腿跑和行进中高抬腿跑。

（2）迈出小腿同时送髋及加强脚步后蹬

要想获得大的步幅，只抬高大腿是不够的，还要把小腿充分迈出去，而要小腿充分地迈出去，需要送髋及加强支撑脚的后蹬。

由于迈小腿对大腿根部韧带的柔韧性要求较高，所以可以加一些大腿根部的柔韧性练习（如正压腿、侧压腿）。

辅助动作练习：正压腿侧压腿，原地做抬大腿迈小腿动作，高抬腿跑动中的迈小腿练习。

（3）前脚掌向后扒地

跑步的原理是由于脚步受到向前的摩擦力使身体向前移动，跑步过程中如何获得更大的向前的摩擦力是非常重要的。而要获得更大的向前的摩擦力就是借助脚步给地面一个向后的力，由于作用力与反作用力原理，自然地面会给脚面一个向前的摩擦力，而要做到这一点就是靠前脚掌向后扒地。

辅助动作练习：小步跑。

（六）训练方法

1. 上体姿势练习

通过控制住腰部关节和肩关节，跑步中练习上身不左右晃动技术。

2. 摆臂姿势练习

通过原地练习以肩关节为轴的摆动和跑步过程中以肩关节为轴的摆动来训练。

3. 腿部动作练习

通过单个辅助动作练习过渡到原地腿部动作练习，再进一步过渡到跑动过程中整套腿部动作练习。

4. 整套动作练习

通过单个上体姿势练习、摆臂姿势练习和腿部动作练习后过渡到整套动作的练习过程。

（七）易产生的错误及纠正方法

1. 起跑抢跑和起跑后加速过快

（1）产生原因

不重视中长跑的起跑技术，身体重心过分前移，不善于分配体力，急于抢位。

（2）纠正方法

加强中长跑起跑技术练习，强调"各就位"姿势时身体重心的稳定，要教育学生遵守起跑规则，教会学生合理分配体力和加速跑的方法。

2. 跑的动作紧张不协调

（1）产生原因

技术概念不清，不会放松肩部和腿部的肌肉，身体姿势不正确，过于前倾后仰。

（2）纠正方法

反复讲解与示范，使学生了解正确的动作过程，多做柔韧性练习，增强弱肌群的力量，使各部分肌肉力量发展平衡；多做上体保持正直的慢跑、中速跑、变速跑和冲刺跑的专门性练习，强调身体放松。

3. 身体重心起伏过大，跑的直线性差

（1）产生原因

后蹬角度太大，摆臂方向不正确，脚着地成八字形使两腿的力量不均匀。

（2）纠正方法

注意膝关节向正前方摆动，用适宜的后蹬角度跑；加强弱腿力量练习，增强手臂、肩带的力量，加强摆臂技术练习，沿跑道的白线跑，强调用前脚掌内侧着地。

4. 后蹬效果不好，形成"坐着跑"

（1）产生原因

技术概念不清，蹬地腿离地过早，关节的灵活性和腿的柔韧性差，腿部和踝关节力量差。

（2）纠正方法

反复讲解和示范，建立正确的技术概念，加强后蹬跑、跨步跳、上坡跑、支撑送髋、原地多级跳等练习，要求髋、膝、踝关节充分蹬直，强调送髋动作，加强腿部力量练习。

5. 呼吸方法不正确和跑的节奏性差

（1）产生原因

学生对跑时的呼吸方法、跑的节奏掌握不好，跑的速度感及均匀分配体力的能力差。

（2）纠正方法

反复讲解示范，使学生了解正确的呼吸方法及跑的节奏性的重要意义。原地跑步，练习呼吸步子的协调配合，逐渐过渡到途中跑，保持呼吸和步子的协调配合；多做各种跑的练习，在练习中强调保持稳定的步长和步频以及均匀的跑速，通过分段报时的方法，逐渐培养跑的速度感。

（八）一般耐力练习

中长跑运动员的一个特点就是必须具有良好的耐乳酸能力。提高有氧与无氧的训练水平是中长跑运动员努力的方向。中长跑各个项目的有氧训练与无氧训练比重不同，距离越长，有氧训练比例越大。初中生的练习项目800米和1000米，有氧供能占50%左右。一般耐力练习就是有氧训练，它是持续时间长、速度慢、强度小的跑的能力。

一般耐力训练在全年训练的准备期安排的比重较大，由于练习比较单调乏味，因此，可穿插越野跑、图形跑，提高运动员的训练兴趣。

（九）速度耐力练习

速度耐力是运动员在整个跑的过程中保持速度的能力，速度耐力对于中长跑运动员是至关重要的，速度耐力练习可称为无氧练习。其训练强度以80%~94%为宜，方法有以下几种。

1. 持续跑的方法

要求运动员在85%左右的强度匀速跑完2~3公里。

2. 重复跑的方法

如4×400米要求运动员每400米在规定时间内完成，间歇5分钟，采用重复跑练习，选择的距离应短于专项距离。

3. 间歇跑的方法

间歇跑与持续跑、重复跑的区别在于训练的休息时间。间歇跑的休息时间短，体力不能充分恢复。如6×200米，要求每200米在一定时间内完成，每个之间慢跑200米作为间歇。

第三节　跳跃训练

田径运动项目中的跳跃项目包括跳高、跳远、三级跳远和撑竿跳高。由于体育科学的发展、场地器材的更新、运动技术的改进和训练方法的合理，跳跃项目成绩得到大幅度的提高。跳跃项目有很强的趣味性，很受青少年的欢迎，在国内外得到广泛的开展。从事跳跃项目的训练和比赛，可以发展速度、力量和灵敏性等身体素质，而且有助于提高弹跳能力和培养勇敢、果断的性格。

一、跳远

（一）技术要领

助跑要提高重心、高抬腿、富有弹性、节奏明显。最后几步要有积极向踏板进攻的意识。快速、准确是助跑技术的要点，节奏是完成这一要点的关键。技术动作由助跑、起跳、腾空、落地组成，重点为助跑和腾空步。动作姿势分为蹲踞式、挺身式、走步式。

（二）练习方法

练习1：原地摆臂动作模仿练习。两腿前后站立，起跳腿在前，起跳腿同侧臂以大臂带动小臂由后下方向前上方摆动；摆动腿同侧臂由前下方向后上方摆动。摆动时要做到耸肩带上体，头部正直，眼看前上方。

练习2：原地摆动腿模仿练习。两腿前后站立，起跳腿在前。摆动腿前摆时，大小腿要充分折叠，大腿带髋部向上高摆。踝关节自然放松，脚尖不得超过膝关节。两臂配合摆动。

练习3：原地蹬摆结合练习。摆动腿在前，起跳腿前摆做着地动作。重心前移缓冲，当放脚缓冲后，重心和脚跟的连线垂直地面时，开始做蹬摆动作。摆动腿在蹬的基础上向前上方摆，起跳腿在摆的同时快速蹬伸髋、膝、踝关节。摆动腿可落在适当的台阶上。

练习4：两步助跑起跳练习。两腿前后站立。起跳腿在前，摆动腿向前跑出第一步落地后，积极后蹬推动髋部迅速前移，起跳腿积极放脚起跳。同时，摆动腿积极前上摆，落地时摆动腿先着地。

练习5：短、中距离的助跑腾空步练习。丈量步点，采用走步丈量法。先确定助跑步数，然后根据助跑步数确定走的步数。走的步数一般为跑的步数乘2减2。例如：8步助跑的步数确定：8×2-2＝14（走步）。助跑要做到"三高"：高重心、高频率、高速度。起跳强调一个快字。

练习6：利用俯角跳板或斜坡跑道的短、中程助跑起跳腾空步练习。

二、三级跳远

（一）技术要领

第一跳要尽可能做到平稳和放松，保持良好的向前冲力，控制好身体平衡，落地放脚有积极的"扒地"动作。起跳腿蹬离地面时，做好双臂的制动动作。第二跳起跳离地后，完成"跨步"飞行自然腾空，一直延续到腾空的2/3处，后1/3为下次起跳做准备。第三跳用蹲踞式或挺身式跳远腾空和落地技术。

（二）练习方法

练习1：连续跨步跳练习。在整个跨步跳过程中，应做到动作幅度大而自然，持续时间较长。在腾空中段的1/3处可稍团身，以便在最后1/3处接着前摆和强有力的"扒地"和起跳。

练习2：短距离助跑单足跳练习。4~6步助跑起跳后，腾空中两腿换步，以起跳腿落入沙坑后继续跑进。重点体会空中换步时机和幅度。

练习3：连续单足3~5级跳练习。控制好蹬地方向、跳跃的节奏和"扒地"落地，同时两臂要协调配合。

练习4：连续做三步助跑起跳—单脚跳—腾空步动作。

练习5：六步助跑三级跳远练习。助跑六步，在起跳板上起跳做单脚跳—跨步跳—跳跃动作。第一跳"平"，第二跳"远"，第三跳"高"。初学者应掌握好三跳的比例，一般为第一跳35％，第二跳30％，第三跳35％。

三、跳高

（一）技术要领

助跑要积极加速、步点准、有弹性、节奏好。后段弧线助跑保持身体向内倾斜。过杆时形成较大背弓，充分利用身体重心腾起的高度和身体各环节之间的补偿作用。技术动作由助跑、起跳、过杆、落地组成。动作姿势分为跨越式、俯卧式、背越式。重点是助跑、起跳的结合，过杆动作。

（二）练习方法

练习1：利用跳箱仰卧做背弓成"桥"练习。

练习2：在垫子上原地站立，后倒背弓练习。

练习3：原地双腿跳起做后倒背弓练习。背对海绵包站立，然后双脚跳起，肩后倒挺髋，成背弓仰卧落在垫子上，先不要抬大腿，保持小腿自然下垂姿势。

练习4：原地双脚跳起做背弓过杆练习。背对海绵包站立，背后放一低横杆，屈膝半蹲，两臂在体侧后下方，两臂上摆，提肩提腰，两腿蹬伸跳起，肩后倒挺腰成背弓，小腿自然下垂。下落时，提大腿，甩直小腿。过杆后，以肩背落在海绵包上。

练习5：确定助跑步点，全程助跑起跳练习。

练习6：4步弧线助跑起跳成背弓练习。助跑起跳后，成背弓姿势，落在高于臀部的海绵垫上，小腿放松自然下垂。强调倒肩、放摆动腿的时机。

练习7：4~6步助跑起跳过杆练习。

练习8：逐渐升高横杆高度的全程助跑背越式跳高完整技术练习。

四、跳的健身运动处方

跳跃运动也是一种良好的健身方法。经常进行跳跃性锻炼，使体内得到保健性振荡按摩，从而增进身体健康，增强体质，提高运动素质水平。反复地重复持续练习跳跃动作，使人体承担一定的运动负荷，有利于提高身体机能水平、平衡能力，发展协调用力和灵敏素质。

跳跃健身的具体方法如下。

（一）原地徒手跳跃练习

不用任何器械进行原地向上连续重复练习跳的动作。如：直腿跳——从深蹲开始摆臂蹬地向上跳起，下落缓冲还原到深蹲，如此反复练习5~10次一组，每周练习2~3次。收腹跳——从半蹲开始摆臂跳起收腿收腹，下落还原后，再连续重复练习。每周2次，每次练3组，每组10~20个，对腹部减肥很有效。原地跳起旋转练习——从半蹲开始摆臂跳起旋转90~360度，下落还原后再重复练习，每周2次，每次5~10个。对提高人体平衡协调能力十分有效。还有原地单脚跳、交替腿跳、抱膝跳、拍手跳等等练习方法。在练习中应在较松软的地上练习，如沙地、草地比较好，练习后要注意放松按摩小腿部位，防止筋膜发炎，影响健康。

（二）行进间跳跃练习

有双腿连跳（又叫蛙跳）、单腿向前连跳、交替腿向前跨跳等练习，都是在行进中练习的跳跃。这种练习一般固定练习距离，10~30米，连续重复练习，每周1~2次，每次2~3组，就可以收到健身效果。

（三）立定跳远

原地两脚蹬地，同时摆臂向前猛力一跳的练习。这种方法可以重复数次练习，一般重复3~10次。可以用来评价自己的弹跳能力、腿部力量、协调能力，也是一种良好的锻炼方法。

（四）负重跳跃练习

在身体上附加一定重量的物质如沙袋，进行原地的或行进间的连续跳跃练习。这种练习增加了运动的难度和负荷，对锻炼身体有良好作用，但要根据自己的身体条件，灵活掌握练习的次数和时间。

（五）跳绳练习

有单人跳、双人跳、多人跳、单脚跳、双脚跳、交叉跳等多种跳绳方法。对锻炼身体、提高身体机能与协调能力都有良好作用。练习安排应根据自身条件，每次练习10~20分钟，灵活掌握练习的运动量，使之感到疲劳为度。

（六）急进跳远、跳高、支撑越障碍等练习

是一种常用的健身方法。这种方法都是跑跳的结合，有助跑、有跳跃，增加了练习的运动量，对锻炼身体的素质、协调能力，增进机能水平都有良好影响。练习中应做好准备活动，尤其腰、膝、踝关节准备活动，可连续重复练习3~10次，练习完后应充分放松。

总之，跳跃锻炼方法有许多练习的形式，练习中应循序渐进，掌握好适度的运动量，注重练习前做好关节准备活动，练习后做好放松整理活动，留意自己的主观感受，加强医务监督。

第四节 投掷训练

投掷比赛项目有铅球、铁饼、标枪和链球。通过投掷项目的练习可以增强体质，发展躯干和上下肢力量，特别是对爆发力量有明显作用。同时，投掷也是人们日常生活、生产劳动所需要的一种最基本的活动能力。

一、推铅球

推铅球是一个速度力量性项目。投掷原理表明，铅球出手的初速度、出手角度及出手的高度决定了铅球飞行的远度。

推铅球的方法目前主要有两种：背向滑步推铅球法和旋转推铅球法。由于旋转推铅球对运动员的技术、身体素质要求高，故而，大多采用背向滑步推铅球。

完整的背向滑步推铅球技术可分为握球、持球、滑步、转换、最后用力五个部分。这五部分都要注意维持身体平衡。

（一）握、持球技术

握球的手五指自然分开，将球放在食指、中指、无名指的指根处，拇指和小指贴在球的两侧，以保持球的稳定。握好球后，将球放在锁骨内端上方，紧贴颈部，掌心向上，右上臂与躯干约呈90度，躯干与头部保持正直。

（二）滑步技术

完整的滑步技术包括预备姿势、团身、滑步三个部分。

1. 预备姿势（以右手为例）

运动员持好球后，背对投掷方向，身体重心落在右脚掌上，左脚置于右脚跟后方20~30厘米处，以脚尖点地，帮助维持平衡。上体与头部保持正直，两眼平视，两肩与地面平行。这种预备姿势（常称高姿势）较为自然，有助于集中精神开始滑步。

2. 团身动作

运动员站稳后，从容地向前屈体，待上体屈到快与地面平行时，屈膝下蹲，同时头部和滑步由身体重心后移，左腿向投掷方向伸摆开始，经过蹬伸右腿、回收右脚来完成这一动作。滑步技术要点：

第一，两腿动作顺序为左腿在先，蹬伸右腿在后，最后收回右小腿。

第二，左腿与躯干的关系是左膝伸开应保持与躯干成一直线，直至最后用力开始。

第三，处理好铅球的位置。当右膝伸开后，铅球约处在右小腿的1/2处，外侧的垂直线上。当右腿回收后，铅球约处在右膝上方外侧。

（三）转换（过渡步）技术

回收右小腿结束，以脚尖着地，紧接着将左脚插向抵趾板，以脚掌内侧着地。右腿着地时，体重大部分落在右腿上，左腿着地时，身体重心移至两腿之间，在这一过程中，运动员上体和头部姿态没有明显变化。

（四）最后用力

最后用力可分为准备和加速两个部分。

1. 最后用力的准备部分

从左腿落地到身体形成侧弓。在这一过程中，投掷臂尚未给铅球加速，仅是依靠右膝的内压，右腿的转蹬推动骨盆侧移。由于上体不主动抬起，头颈不主动扭转，而使身体左侧保持最大拉紧状态，为最后的加速用力创造有利条件。

2. 最后用力的加速部分

躯干形成侧弓后，在左腿有力的支撑下，利用躯干的反振作用，顺势转肩伸臂完成整个投掷动作。在最后用力过程中，左腿的支撑作用十分重要，它不仅可以提高铅球的出手点，更重要的是可以提高手臂的鞭打速度。左臂通过上、下方位的摆动，可控制胸大肌横向弓展和推球手臂鞭打的距离。

（五）维持身体平衡

铅球出手后，为了防止犯规，常采用换步和降低身体重心减缓冲力，以维持身体平衡。

（六）推铅球的练习方法

推铅球练习应遵循循序渐进的原则，首先应学习原地正面和侧向推铅球，然后再学习侧向滑步和背向滑步推铅球技术。

1. 原地推铅球的练习

（1）握、持球方法的练习。

（2）向下方或前下方推球。

（3）正面推球练习。

（4）学习改进原地推球的练习。

①小幅度推球模仿练习与推球练习；②原地推球的模仿练习与推球练习；③改进原地推球的练习。

2. 侧向滑步推铅球的练习

（1）侧向滑步预摆技术的练习：徒手或持球侧向站立，尔后进行摆、蹬、倒与回、屈等动作的协同配合练习。

（2）徒手或持球进行滑步的练习。

（3）持球进行侧向滑步推球的练习。

3. 背向滑步推铅球的练习

（1）徒手或持球进行预摆的练习。

（2）徒手或扶依托进行滑步分解练习。

（3）徒手或持球进行滑步练习，注意摆、蹬、收、落等动作的协同配合。

（4）背向滑步推铅球的练习。

（5）在投掷圈内进行背向滑步推铅球的练习。

4. 推铅球技术练习中常见的错误动作和纠正方法

第一，在推球瞬间肘关节下降的纠正方法：多做挺胸、抬肘与伸臂的练习，伸臂时肘要高于或平于右肩。

第二，铅球出手角度过低的纠正方法：可采用推球过杆的练习法纠正。横杆的位置要适当，应使铅球飞进的方向与横杆上方约成40度角。

第三，滑步后身体重心太高，不能保证正确的准备姿势的纠正方法：多做徒手或持球的滑步练习，着重加快两脚落地动作的节奏。

第四，滑步与最后用力动作脱节的纠正方法：多做滑步练习。滑速不宜快，但两脚落地的动作要快，并在此基础上与最后用力连接起来。

二、掷铁饼

掷铁饼是奥运会和世界田径锦标赛的一项比赛项目。比赛时，投掷者一手持铁饼，在投掷圈内通过旋转动作将铁饼掷出尽可能远的距离。正式比赛中铁饼的重量男子为2公斤，女子为1公斤；投掷圈内圈直径为2.50米，有效区角度为40度。从技术结构上讲，完整的掷铁饼过程可以分为握法、预备姿势、预摆旋转、最后用力和铁饼掷出后的身体平衡五个部分。

（一）技术和要领

1. 握法

五指自然分开，拇指和手掌平靠铁饼，其余四指的最末指节扣住铁饼边沿，铁饼的重心在食指和中指之间，手腕微屈，铁饼的上沿靠在前臂上，持饼臂自然下垂于体侧。

2. 预备姿势和预摆

（1）预备姿势

背对投掷方向，两脚左右开立约一肩半，站于圈内靠后沿处的投掷中线两侧。两脚平行开立或左脚稍后，持饼臂自然下垂于体侧，眼平视。

（2）预摆

预摆是为了获得预先速度，为旋转创造有利条件。目前常见的预摆有以下两种。

左上右后摆饼法：开始时，持饼臂在体侧前后自然摆动，当铁饼摆到体后时，体重靠近右腿，接着以躯干带动持饼臂向左上方摆起；当铁饼摆到左上方时，左手在下托饼，体重靠近左腿，上体稍左转。回摆时，躯干带动持饼臂将铁饼摆到身体右后方，身体向右扭紧，体重处于右腿上，上体稍前倾，左臂自然微屈于胸前，眼平视，头随上体的转动而转动。

身体前后摆饼法：开始时，持饼臂在体侧前后自然摆动，当铁饼摆向体前左方时，手掌逐渐向上翻转，右肩稍前倾，体重靠近左腿。铁饼回摆到体后时，手掌逐渐翻转向下，体重由左向右移动，上体向右后方充分转动，使身体扭转拉紧。这种方法动作放松，幅度大，目前大多数优秀选手都采用这一方法。

3. 旋转

预摆结束后，弯曲的右腿蹬地，上体向左转动，同时左膝外展，体重由右脚向边屈边转的左腿移动；接着，两腿积极转动，并以左脚前脚掌为轴向投掷方向转动，身体向投掷方向倾斜，投掷臂在身后放松牵引铁饼。当左膝、左肩和头即将转向投掷方向时，右膝自然弯曲，以大腿发力带动整个腿绕左腿向投掷方向转扣（右脚离地不能过高），这时左髋低于右髋，身体成左侧单腿支撑旋转，接着以左脚蹬地的力量推动身体向投掷圈的中心移动，右腿、右髋继续转扣。当左脚蹬离地面时，右腿带动右髋快速内转下压，左腿屈膝迅速向右腿靠拢，左肩内扣，上体收腹稍前倾。接着，左脚积极后摆，以脚掌的内侧着地，落在投掷圈中线左侧、圆圈前沿稍后的地方，身体处于最大限度的扭转拉紧状态，铁饼远远留在右后方，左臂自然微屈于胸前，为最后用力做好准备。

4. 最后用力和维持身体平衡

当左脚着地时，右脚继续蹬转，使右髋积极向投掷方向转动和前送。接着，头向投掷方向转动，左臂微屈于胸前，胸部开始向前挺出，体重逐渐移向左腿。当体重移向左腿时，右腿继续蹬伸用力，以爆发式的快速用力向前挺胸挥饼。与此同时，左腿迅速用力蹬伸，左肩制动，成左侧支撑，使身体右侧迅速向前转动，将全身的力量集中在铁饼上，当铁饼挥至右肩同高并稍前时，使小指到食指依次用力拨饼出手，使铁饼顺时针方向转动向前飞行。

铁饼出手后，应及时交换两腿，身体顺惯性左转，同时降低身体重心，维持身体平衡。

（二）错误及纠正方法

1. 双腿支撑起动进入单腿支撑旋转阶段，身体失去平衡

（1）产生原因

进入旋转时上体过早倒向圆心；身体还没有形成左侧支撑转动轴时左肩和上体过早倒向圆心。

（2）纠正方法

一是徒手双支撑进入单支撑的模仿练习，体会身体由右向左向圆心转动的路线及单支

撑时身体的平衡感觉。二是徒手或持辅助器械做旋转至双脚着地成用力姿势的练习，重点体会双支撑进入单支撑身体平稳地转动与向前的结合。

2. 双腿支撑进入单腿支撑旋转阶段，上下肢的动作结构不合理

（1）产生原因

左肩和左臂过早打开并过早向圆心方向摆动，使上体突然加速，破坏了上下肢的合理动作结构。

（2）纠正方法

一是徒手做开始起转练习，强调下肢的积极主动转动，特别是左腿的屈膝转动。二是徒手旋转至双腿支撑用力前姿势，重点体会左肩和左臂向圆心做弧形摆动的路线，使左肩、左臂与左腿和左膝形成一体转动。

3. 旋转后两脚落地的位置过于偏左或偏右

第一，产生原因。起转时，左脚转动的方向没有到位，右脚弧形摆动转髋的方向控制不准确。

第二，纠正方法。多做开始起转的练习，重点要求两腿支撑转动的程度和右腿弧形摆动与左腿支撑转蹬的配合，在圈内使用标志进行检查。

4. 旋转后用力前，上体过早抬起使身体重心前移

（1）产生原因

一是对最后用力技术概念不清楚，上体发力时间过早。二是身体素质较差，特别是腿部和腰背腹肌力量差。

（2）纠正方法

一是明确技术概念，多做徒手或持辅助器械旋转至用力前的姿势，强调旋转过程中始终保持半蹲收腹扭转。二是发展腿部和腰背腹肌力量。

5. 旋转后用力前，髋轴与肩轴没有形成扭转拉紧的最后用力姿势，超越器械不明显

（1）产生原因

旋转后没有控制好上体的继续旋转和有意识留住持膀臂，使膀过早前摆；下肢转动不积极。

（2）纠正方法

在教师的帮助下，做徒手旋转练习，要求学生适当控制上体，让学生体会旋转过程中下肢积极主动，特别是单腿支撑的转动，要求前脚掌支撑转动，不能用全脚掌着地，并且体会上体被动放松，投掷臂留在身后的肌肉感觉，并指出旋转后、用力前铁饼所在的

位置。

6. 旋转至右脚着地成单支撑阶段明显停顿或转不起来

(1) 产生原因

一是右腿摆动右髋转扣时左腿蹬地力量不够，使重心没有移到右脚的支撑点上方。二是右腿弧形摆动与左腿转蹬过于向上，形成跳起过高，重心起伏较大，易使落地形成制动，从而造成旋转动作停顿。三是右脚落地是用全脚掌着地。

(2) 纠正方法

一是多做开始起转腾空后衔接单支撑的转动练习。要求低平摆动，防止高跳。二是多做单支撑转动的专门练习，要求学生掌握单支撑转动阶段合理的身体结构，特别是重心、转动轴和左腿的积极后摆，体会单支撑转动的肌肉感觉。

7. 最后用力上体过早发力，没有发挥下肢转动用力的能力

(1) 产生原因

右腿右髋转动用力技术不熟练，上体和手臂用力时机掌握不好。

(2) 纠正方法

一是双人对抗练习，使学生体会右腿右髋主动用力的肌肉感觉。二是练习原地投，强调由下而上的用力顺序。三是投掷辅助器械，强调最后用力时前半部分下肢的积极用力作用与后半部分上体爆发式用力的配合动作感觉。

8. 最后用力向前不够

(1) 产生原因

一是最后用力两脚开立距离过小。二是右腿右髋转蹬前送不够，没有形成良好的左侧支撑用力。

(2) 纠正方法

徒手或持木棒做打树叶练习。要求：一是两脚开立宽于肩；二是右腿右髋转动中推动身体重量靠近支撑的左腿；三是手或木棒接触树叶的那一点即出手点；四是胸带臂向前平打，不要提肩。

9. 最后用力向左侧倒

(1) 产生原因

左侧支撑用力意识差，左肩没有制动动作。

(2) 纠正方法

一是徒手或持辅助器械做最后用力模仿练习，重点强调左腿的支撑用力动作和左肩的

制动动作。二是初学者要求以"支撑投"动作类型为主，强调发挥支撑转动用力的作用。

以上各项仅是常见的易犯错误动作，由此而派生的错误动作多种多样，教师纠正时首先要分析错误产生的原因，根据学生的具体情况和教学条件，采用纠正的手段。一般应让学生明确该环节技术的概念，采用单个的、局部动作的专门练习体会肌肉感觉，再要求在完整技术中能做出正确的动作，反复练习，达到改进动作的目的。

三、掷标枪

掷标枪是一项比较复杂的多轴性旋转项目，它是经过持枪助跑获得一定预先速度，通过爆发式的最后用力作用于标枪纵轴上、将标枪经肩上投出的一项运动。大体可分为持枪助跑、引枪投掷步、最后用力、维持身体平衡等几个部分。

（一）持握标枪方法

1. 现代式（拇指和中指）握枪法

将标枪斜放在掌心上，拇指和中指对扣在标枪线把后端末圈的枪身上，食指自然弯曲斜握在枪杆上，无名指和小指自然握在线把上。这种握法的优点是有利于中指加长工作距离，枪出手时中指与食指在一起用力拨动，可以加快标枪沿纵轴自转，同时手腕灵活放松，有利于控制枪出手角度。目前大多数人采用这种握法。

2. 普通式（拇指与食指）握枪法

用拇指与食指对扣在标枪线把后端末圈的枪身上，其他三指自然弯曲斜握在线把上。此法手指全部参与握枪，可使枪稳定，但手腕紧张，不灵活，不利于控制枪，使用者较少。

3. 头上持枪法

握手点稍高于头，枪尖稍低于枪尾，此握法手腕较放松，有利于助跑引枪。

4. 肩上持枪法

握手点在肩上耳旁，枪身与地面接近平行，肘稍外展。此法有利于引枪时控制角度，但肘与手腕较紧张。

（二）助跑

助跑的目的是使器械在最后用力前获得预先速度，并在助跑中引枪、超越器械、控制枪动作，为最后用力创造良好的工作条件。

1. 预跑阶段

从第一标志线跑至第二标志线（左脚踩线），一般为15~20米，用8~10步完成。预跑阶段应放松、高重心、不断加速。在跑动中上体正直或稍前倾、前脚掌着地、抬腿较高、后蹬充分，步幅不应过大，投掷臂与标枪结合跑的节奏协调平稳地前后移动，左臂稍屈肘抬起做相应的摆动。此阶段，要求跑步有节奏，富于弹性。

2. 投掷步阶段

从左脚踩上第二标志线开始到最后一步左脚落地时止，一般为9~12米，用5步完成。投掷步阶段为整个跑的重要部分，其主要任务是为最后用力创造最佳条件。投掷步的基本形式有两种，即跨跳式与跑步式。跨跳式更便于完成引枪与超越器械动作，目前运用者较多。下面着重介绍跨跳式五步投掷步直接后引枪技术。

第一步：左脚踏上第二标志线，右腿应积极前迈第一步，同时半转体向右使标枪沿直线平行向后移动，左肩对着投掷方向，左臂自然摆至胸前，眼向前视，右脚落地点稍偏右，此时只完成一半引枪，右臂并未完全引直。

第二步：当左脚前迈时，左髋左肩向右转动，右肩放松伸直，完成引枪动作。此时，稍含胸收腹，右臂约与右肩齐高，将枪控制在右眉际与头颈之间，脚尖稍偏向内。

第三步：又称交叉步，是助跑过渡至最后用力的关键一步。左脚一落地，右膝关节应自然弯曲，以右大腿带动小腿积极有力地向前摆出，当右腿靠近左腿时，左腿快速有力地蹬伸，蹬与摆的配合，使人体腾空，迅速超越上体与髋部。由于两腿剪绞动作致使髋、肩轴形成交叉状态。左臂自然摆至胸前，投掷臂充分伸直后引，不低于右肩，右脚跟以外侧先着地，然后滚动式过渡至全脚掌，脚尖与投掷方向约成45度。这时躯干与右腿应形成一条向后倾斜的直线，与地面成56~60度。

第四步：是助跑过渡到最后用力的衔接步，也是动量传递的关键。这一步必须做到保持良好的水平速度以及超越器械的动作，又要不停顿地转入最后用力，同时还应将器械控制好，为最后用力做好最佳准备。

投掷步的步长比例应是：第一步较大，第二步较小，第三步最大，第四步最小，四步的节奏是嗒—嗒—嗒、嗒。

第五步：降低重心换步缓冲。

3. 最后用力和维持身体平衡

最后用力是整个投掷中最重要的部分，是标枪出手初速度的主要来源。它是在第三步右脚着地后，身体重心移过右腿支撑点、左脚尚未落地前就开始了。右腿积极以右髋发力做跪蹬，使髋侧向投掷方向转动，一面使左腿迅速前插，以脚跟到脚掌内侧着地（脚尖稍内扣），有力地支撑制动，使身体在双脚稳固的支撑下形成扭紧状来完成转送髋、转体、挺胸、翻转肩、抬肘等一系列关键动作。右腿继续猛力蹬转，使髋轴继续先于肩轴的超越前移。在左臂向投掷方向做有力牵引制动摆动配合下，右腿继续先于右肩向前转及前移，投掷臂向上翻转成"满弓"姿势，此时身体右侧扭得最紧。投掷臂最大限度伸展而远留在身后，为标枪出手储备强大的力量。腿在制动支撑的巨大冲力下被迫弯曲，也给重心移至左腿和对最后左侧的支撑创造有利条件。这时各环节力量转换由"旋转向前"变成完全向前。蹬直髋、膝、踝关节的右腿随人体前移惯性而擦地跟上，双腿有力地做支撑用力，使身体由反弓到反弹，以爆发式的动作向前做收腹、以胸带臂，甩臂动作迅猛向前上方鞭打，同时左侧有力支撑提高器械出手点，在出手瞬间，右臂的手腕、手指迅猛地沿着标枪纵轴甩腕拨指，以增强标枪出手初速度和自身转动速度，提高标枪在空中的稳定性及滑翔的效果。标枪出手角度应控制在30~36度之间。

标枪出手后，随着向前惯性，身体必然前冲，这时要迫使右腿向前跨出一步（缓冲步），这一步既要为防止前冲过多造成越线犯规，又要维持身体平衡。此时应改变重心移动方向，顺势左跨使右肩转向投掷方向，降低重心，屈膝缓冲，稳定后从起掷弧后离开跑道。

（三）掷标枪技术的练习方法

1. 正面投枪的练习。
2. 侧向原地投枪。
3. 交叉步投枪。
4. 引枪。
5. 引枪接着做交叉步，不停顿地完成投枪。
6. 预先走4步后做引枪、交叉步和最后用力投枪的连续动作。
7. 预跑4~8步投枪。

── 思考题 ──

1. 简述短跑的技术。进行短跑锻炼有哪些手段？
2. 简述中长跑的技术。进行中长跑锻炼有哪些手段？
3. 简述跳远过程及练习。
4. 简述跳高过程及练习。
5. 简述推铅球的技术及练习。

第五章 球类运动训练

任务导入

现代运动训练理论已经随着时代的变化而有所更新，传统的训练方式已经不能适应球类运动的需求，本章从新型的训练理论出发对球类运动的训练进行了全方位的分析，加深了对训练负荷、训练安排以及恢复能力的训练，切实提高运动员的球类运动技能。

学习大纲

1. 掌握各种球类运动的常识和技巧。
2. 把学到的球类运动知识运用到日常的球类运动中。

第一节 足球运动训练

一、基本技术

足球的基本技术分为控球、踢球、运球、接球、头顶球、抢截球、掷界外球和守门员技术八种。

（一）控球

控球是持球队员以脚的各个部位，通过拖、拨、扣、颠、推、挑等动作，将球置于自身控制范围之内的技术。

1. 拖球

拖球是脚底触球的上部，将球由前向后或由左（右）向右（左）进行拖拉的动作。当拖球到位后，一般均以脚内侧做挡球动作，然后进入下一动作。

2. 拨球

拨球是持球队员用脚腕抖拨的动作，以脚背内侧或脚背外侧触球，使球向侧方或侧后（前）方滚动。拨球根据脚触球部位的不同分"内拨"和"外拨"两种。运用脚背内侧拨球称为"内拨"，以脚背外侧拨球称为"外拨"。拨球技术通常是与对手相持时，当对方伸脚抢截球的一刹那，以拨球技术避开抢截从对方一侧越过。

3. 扣球

扣球是持球队员快速转身变向，用踝关节急转压扣的动作，以脚背内侧或脚背外侧触球，将球迅速停住或转变球滚动的方向。用脚背内侧扣球的动作称为"内扣"，用脚背外侧扣球的动作称为"外扣"。扣球动作改变方向后，用推拨动作突然加速越过对手。

4. 颠球

颠球是持球队员用身体各有效部位连续击球，并尽量不使球落地的技术动作。经常练习，能有效地促进人体对球的各种特性（弹性、重量、旋转等）的熟练程度，同时加深练习者对触球部位、击球力量的感觉，颠球的部位包括脚背、脚内侧、脚外侧、大腿、头部、胸部、肩等。

练法点拨：

第一，控球技术主要采用重复练习法。

第二，可以采用一人一球，两人一球的练习形式，在规定的时间内，将拖、拨、扣、颠球等控球技术重复练习一定的次数和组数。

（二）踢球

踢球是有目的地把球传给同伴或射门，它是完成战术配合的主要手段。同时它也是足球基本技术中的主要技术。踢球的方法有很多种，包括脚内侧踢球、脚背正面踢球、脚背内侧踢球等。

无论采用何种踢球的方法，其动作过程都是由助跑、支撑、摆腿、击球和跟随动作五个部分组成。

1. 脚内侧踢球

动作要领：

（1）直线助跑，最后一步步幅稍大，支撑脚踏在球侧 12～15 厘米处，膝关节微屈，脚尖正对出球方向。

（2）踢球脚屈膝外展，脚底与地面平行，脚尖微上翘。

（3）小腿加速前摆，用脚内侧部位击球的中后部，用推送或敲击的踢法将球击出。

2. 脚背正面踢球

动作要领：

（1）直线助跑，最后一步步幅稍大，支撑脚积极着地，踏于球侧 10~12 厘米处，膝关节微屈，脚尖正对出球方向。

（2）踢球腿以髋关节为轴，大腿带动小腿由后向前摆动击球一刹那，脚面绷紧，脚背绷直。

（3）小腿加速前摆，以脚背正面部位击球的后中部。

（4）击球后，身体及踢球腿随球前移。

3. 脚背内侧踢球

动作要领：

第一，踏于球的侧后方 20~25 厘米处，膝关节微屈，脚尖指向出球方。

第二，身体稍向支撑方一侧倾斜，踢球腿以髋关节为轴，大腿带动小腿向前摆，大腿摆至与支撑腿接近同一平面时，小腿加速做鞭打动作。

第三，踢球腿击球时，脚尖稍外转指向地面，脚趾紧扣，脚背绷直，脚跟提起。

第四，以大腿带动小腿加速前摆，根据传球的目的，击球的后中部或中下部，传出的球会出现高、中、低不同的效果，击球后继续随球前移。

练法点拨：

（1）传球不准确，应调整支撑脚的站位

（2）传球力量不够，应加快小腿摆动速度

（3）传球落点不准确，应注意整体动作的协调性和脚形的准确性

实际练习：

（1）两人一组，一人用脚底踩住球，另一人采用一步或三步助跑做各种踢球动作的模仿练习

（2）对墙踢球练习

（3）两人一组，相距一定的距离，互相踢球练习

（4）踢准练习

（三）运球

运球技术是指持球队员在跑动过程中有目的地用脚的某一部位推拨球，使球保持在自

已控制范围内的连续触球动作。运球技术包括运球和运球突破，常用的运球方法有正脚背面运球、脚背内侧运球、脚背外侧及脚内侧运球等。

1. 脚背外侧运球

动作要点：

（1）持球队员身体自然放松，上体稍前倾，双臂自然摆动，步幅中小。

（2）运球时膝关节弯曲，提脚跟。

（3）脚尖内扣，用脚背外侧推拨球的后中部。

2. 脚背内侧运球

动作要领：

（1）持球队员身体自然放松，上体前倾并向运球方向转动，步幅小，双臂自然摆动。

（2）运球时膝关节稍弯曲，脚跟提起。

（3）脚尖稍向外转，在迈步前冲着地前，用脚背内侧推拨球。

实际练习：

（1）走与慢跑中，先单脚后双脚，先直线后曲线。

（2）在人丛中或5米内间距的绕杆运。球

（3）运球过人练习或变换运球速度的练习。

（4）控好球并结合假动作练习。

（5）离场队员观看其他运球队员练习。

练法点拨：

第一，运球和运球突破技术一般采用重复练习方法，可运用无对抗练习、消极对抗练习、积极对抗练习及小组比赛练习等形式。练习要求可根据练习者的水平进行调整。

第二，运球时步幅要小，身体重心应紧跟球的移动。

第三，运球时要随时注意抬头观察情况。

（四）接球

接球是队员有意识、有目的地利用身体的合理部位，把运行中的来球停挡在自身控制范围之内的技术。一般常用的接球方法有：脚内侧接球、脚底接球、胸部接球等。但不管采用何种接球方法，都应包括判断球速、落点、接球及接球后控球四个过程。接球形式包括接地滚球、空中球和反弹球三种。

1. 脚内侧接球

接地滚球动作要领：

(1) 支撑脚正对来球，膝关节微屈。

(2) 接球脚屈膝外转，脚尖稍翘起主动前迎来球。

(3) 球接触脚内侧一刹那，接球脚后撤缓冲，把球控制在便于衔接下一个动作处。

接反弹球的动作要领：

(1) 支撑脚踏在球的落点侧前方，屈膝上体稍前倾。

(2) 接球脚放松提起，用脚内侧对准球的反弹角度。

(3) 当球反弹刚离地时，用脚内侧部位推压球的中上部。

接空中球的动作要领：

(1) 根据来球的高度，接球脚举起前迎，对准来球路线。

(2) 当球与脚内侧接触瞬间，后撤缓冲。

(3) 把球控制在有利于衔接下一个动作的位置。

2. 脚底接球

脚底接球包括接地滚球和接反弹球两种技术。

接地滚球动作要领：

(1) 支撑脚踏于球的侧后方，屈膝脚尖正对来球。

(2) 接球脚提起，自然屈膝，脚尖上翘高于脚跟，踝关节放松。

(3) 用脚掌前部触球的中上部。

接反弹球的动作要领：

(1) 支撑脚踏在球落点的侧后方，对准球反弹角。

(2) 当球着地瞬间，用脚掌前部对准球的反弹路线，推压球的中上部。

3. 胸部接球

胸部接球是利用胸部接球的一种技术动作。其特点是面积大，有弹性，争取接球时间，易于掌握。胸部接球分挺胸式和收胸式两种方法。

挺胸式接球动作要领：

第一，面对来球，双臂自然张开，两脚分开微屈膝，重心落于两脚之间。

第二，当胸部与球接触前瞬间，两脚蹬地，胸部稍上挺，收腹，上体后仰缓冲来球力量。

第三，以胸部触击球后，使球落于自己能控制的范围。

收胸式接球动作要领：

（1）面对来球，两脚开立，双臂自然张开，挺胸迎球。

（2）当球与胸部接触前瞬间，收胸、收腹，同时臂部后移，使来球缓冲。

（3）以胸部接球后，使球落于自己能控制的范围。

4. 大腿接球

动作要领：

（1）面对来球，接球大腿抬起。

（2）大腿与球接触的刹那，迅速撤引缓冲。

（3）以大腿中部接触下落的球，使球落于有助于衔接下一个动作的位置处。

实际练习：

（1）利用足球墙进行各种接球技术练习。

（2）将球踢高，完成各种接反弹球的练习（用手抛高球亦可）。

（3）两人一组，相隔一定的距离，练习踢、接球动作。

（4）多人三角传、接球练习。

练法点拨：接球练习形式繁多，一般采用重复练习方法，练习时，要从实战与战术配合出发。2~4人为一练习组较为合适。应根据练习者的基础，安排切实可行的练习内容与方法。

（五）头顶球

头顶球作为争取时间、争夺空间的有效手段，在比赛中被广泛使用，它是指队员有意识、有目的地用前额正面或侧面将球击向预定目标的动作。

足球比赛中，头顶球是传球、射门和抢截的有效手段之一，常用的有原地、跑动、起跳、鱼跃等方式顶球。

1. 原地前额正面头顶球

动作要领：

第一，身体正对两眼注视来球，两脚前后开立，微屈膝，上体后仰展腹，重心落于后脚，双臂自然张开。

第二，球运行至身体垂直上方时，后脚用力蹬地，收腹，快速向前屈体，重心由后脚移向前脚。

第三，击球时，颈部肌肉紧张，用前额正面顶球的后中部，上体随球前摆。

2. 跳起前额正面头顶球

动作要领：

第一，原地起跳时，双脚用力蹬地，两臂屈上摆自然张开，身体在上升中，上体后仰展腹成反弓形，注视来球。

第二，球运行至身体垂直上方时，收腹，上体快速前摆，颈部紧张。

第三，用前额正面把球顶出，随后屈膝缓冲落地。

实际练习：

(1) 各种头顶球技术的模仿练习。

(2) 两人一组，一人抛球另一人做头顶球练习，交替进行。

(3) 自抛自顶或两人对顶。

练法点拨：

第一，练习应运用自抛自顶的重复练习法，也可以借助墙，同伴抛来或传来的球，并要求有目标、有意识地提高头顶球技术和顶球的准确性。

第二，顶球时不能闭眼、缩颈，要主动迎球，颈部保持紧张。

第三，准确判断起跳时间和来球速度与落点。

(六) 抢截球

抢截球是转守为攻的积极手段，是防守技术的综合体现。抢截球包括抢球和截球两部分内容。

抢球是指在足球规则允许的条件和动作下，把对手控制的或将要控制的球抢夺过来或破坏掉。

截球是指将对手相互间传出的球，堵截或破坏掉。

1. 正面跨步抢截球

动作要领：

(1) 两脚前后开立，膝微屈，身体重心下降并落于两脚间。

(2) 当对手脚触球后，脚即将落地或刚落地瞬间，抢球者后脚用力蹬地，抢球脚以脚内侧堵截球，当球被堵时，另一脚快速跟上。

(3) 如双方同时触球，则抢球脚顺势向上提拉，使球从对手脚背滚过，并身体重心迅速跟上，控制球。

2. 侧面合理冲撞抢球

动作要领：

（1）当防守队员与对手并肩跑动追球时，身体重心下降。

（2）用靠近对手方一侧的手臂，以肩部以下，肘以上的部分贴紧自己身体去冲撞对手相同部位。

（3）使对手失去平衡而失去球的控制，乘机把球夺下。

实际练习：

（1）无球情况下做抢截球各种技术的模仿练习。

（2）两人一球，一人运球另一人完成抢截球练习，交替进行。

（3）两人相对站立，中间放一球，听信号后做抢球练习。

练法点拨：

（1）最好是在对抗的条件下并结合简易的攻防战术，效果较能体现，在练习过程中，若能结合游戏则有利于提高练习兴趣。

（2）抢截球时机要准确，要合理。

（3）抢球时动作要迅速、果断。

（七）掷界外球

掷界外球是指在比赛中越出边线的球，按足球竞赛规则规定用手将球掷入场内，恢复比赛的一项技术。

掷界外球有原地掷界外球和助跑掷界外球两种方法。

1. 原地掷界外球

动作要领：

（1）面向比赛场地，双手持球于头后。

（2）从头后经头顶用连贯的动作把球掷入场内。

（3）球掷出前，双脚均不得全部离地或踏进场内。

2. 助跑掷界外球

动作要领：

（1）助跑时双手持球于胸前，助跑距离不宜太长。

（2）掷球的动作与原地掷界外球相同。

实际练习：

（1）两人一球互掷，距离可由近至远。

（2）需要增加掷球远度，可用实心球代替。

练法点拨：

（1）单人对墙进行掷球练习，也可采用两人对掷界外球练习或一人掷球，另一人做接球练习，两人轮流练习的形式。

（2）足球规则规定：掷界外球时脚不能离地、进场或远离规定的掷球点。

二、足球运动的基本战术

（一）足球运动战术的分类

足球运动战术是比赛中战胜对手，根据主、客观条件而采用的个人与集体之间配合的足球综合表现。它与技术、身体素质和心理素质有相当紧密的联系。

整场比赛是由进攻和防守两大部分组成的，因此，足球战术可分为进攻战术和防守战术。进攻和防守分别包含了个人和集体战术两类。

（二）足球运动的基本战术

1. 比赛阵形

比赛阵形是比赛场上队员的位置排列、攻守力量搭配和职责分工的形式。阵形人数排列一般是从后卫排向前锋，根据队员排列层次分成后卫线、前卫线、前锋线。守门员职责固定，一般不予计算。常见的比赛阵形有"4-3-3""4-4-2""3-5-2""4-5-1"等。

（1）4-3-3阵形的特点

在这个阵形中，把三个前锋放在前锋线上，中场也设了三名球员，不但加强了防守能力，还使进攻的方式变得更加灵活。一般来说，此阵形中的后卫可分为两个中后卫，两个边后卫，使得防守更加有层次，更加有立体性。前卫可分为一前二后或二前一后，不管哪种安排，中场都必须起到一个攻守的枢纽作用；边前卫主要负责加强进攻，中前卫主要负责组织进攻和参与防守。前锋也可分为中锋和边锋两种：边锋主要通过运球突破对方防守、射门或传中，同时要负起门前强点射门的任务；中锋是锋线的尖刀，主要是突破、抢点和射门。

（2）4-4-2阵形的特点

此阵形和前面阵形最大的区别就是把一个前锋队员放到了中场，加强了防守的能力。后防的位置和任务基本和"四三三"一样。中场有4名队员，有利于防守，同时也有利于夺取中场的优势和主动权。前锋的要求是突破能力强，善于把握破门的机会。整个队员的分布虽然是攻少守多，但是可以通过合理有序的组织，保证比赛中攻守力量的平衡。

(3) 3-5-2阵形的特点

此阵形最明显的特点是中场人数多，力量强大，有利于控制中场主动权，有效地阻止对方的进攻，减轻后场的防守压力；后卫线的3名队员大胆地紧逼盯人，相互保护补位；中场队员插上进攻的点多，而且隐蔽性较强。

(4) 4-5-1阵形的特点

此阵形是一个相对侧重于防守的阵形。后卫线的4名队员主要的力量用于防守，并协助控制中场和组织进攻；中场人数多，力量大，能够很好地控制中场的主动权，减轻后场的防守压力；前锋线上只有1名队员，进攻的力量相对薄弱，不过从防守反击战术来说，也有它的优势所在。

2. 进攻战术

(1) 个人进攻战术

个人进攻战术是队员在比赛中，为了战胜对手，完成整体进攻任务而采取的个人行动。它包括摆脱、跑位、传球、射门等。

①摆脱与跑位。每当队员得球，都要发动进攻，同队队员要迅速摆脱对手，造成空当，给有球同伴创造多条传球路线，以便更好地进攻。摆脱对手紧逼，可采用突然起动、冲刺跑、急停、突然变向、变速和假动作等。跑位就是有目的地跑向有利位置或空当。跑位能使自己在短时间内摆脱对手接球，推进进攻。

②传球。传球是配合的基础，是完成战术配合创造射门机会的主要手段。选择目标、把握时机、控制力量与方向是传好球的重要环节。

③射门。射门是一切战术配合的最终目的。准确、有力的射门，往往使守门员猝不及防而失球。

(2) 局部进攻战术

局部进攻战术是指进攻中两队或几个队员之间的配合方法。它是集体配合的基础。其配合形式有"二过一"配合、传切配合、三人配合等。局部进攻战术通常以"二过一"配合为基础。"二过一"配合是在局部地区两个进攻队员通过两次以上的连续传球配合，越过一个防守队员的配合行动。"二过一"配合包括"斜传直插二过一""直传斜插二过一""回传反切二过一"，以及"踢墙式二过一""交叉掩护二过一"。

（3）整体进攻战术

①阵地进攻中的边路传中、中路渗透、中路转移。边路传中是指在对方半场两侧地区发动的进攻，通过传中来创造射门机会。此方法是针对对方边路防守人数较少、空间较大的缺点，突破防线，然后传中，由中路或异侧的同伴包抄完成射门。

中路渗透一般有后场发动进攻、中路发动进攻、前场发动进攻三种形式。

中路转移是针对在比赛中，中路聚集着双方较多的队员，中路渗透不能奏效的情况，将球从中路转移到边路以分散防守力量，然后再从边路突破或者传中的一种进攻战术。

②快攻。快速进攻是非常有效的一种进攻战术。主要特点就是由守转攻时对方的防守还不是很到位，通过最简单的快速传递配合来创造射门机会。主要有：一是守门员获得对方射门的球时，守门员快速地踢球或手抛球发动进攻；二是在中前场抢截到对手的球时马上快速发动进攻；三是在中后场获得任意球时，快速发球也能形成快攻机会。

3. 防守战术

（1）基础战术

①选位和盯人。它是防守战术中的基础。防守队员站位时一般应处于对手与本方球门中心所构成的一条直线上。一般情况下，对对方有球队员以及可能接球的队员要紧逼；对离球远的对手可采用松动盯人。

②局部防守配合。保护和补位是局部地区集体防守的基础，队员之间应保持适当的斜线站位。当一侧被突破时，另一个应立即补位，被补位队员迅速回到补位队员的位置。

（2）全队战术

①人盯人防守。除拖后中卫外，每个队员都要盯住一个指定对手。原则上对手跑到哪里就盯到哪里，拖后中卫进行区域防守，执行补位的任务。

②区域盯人防守。每个队员在自己防守的区域内进行盯人防守，无论哪个对手进入自己的防区就盯住他，一般不越区盯人，拖后中卫执行补位的任务。

③混合防守。混合防守是现代足球用得较多的一种防守方法，就是把人盯人防守和区域盯人防守结合起来。一般拖后中卫执行补位，另外三个后卫盯人，前卫和前锋区域盯人。"全攻全守"的踢法在防守时，每个队员都有防守任务。防守的关键是：场上队员要做到延缓对方进攻；快速回防到位，保持防守层次；紧逼盯人，严密守住球门前 30 米区域。

在现今的比赛中全队的防守方法一般有三种：一种是在进攻丢球后立即就地抢截；另一种是在进攻中丢球后，前锋队员在前场封抢，其他队员立即退回本方半场防区进行防守抢截；第三种是在进攻失误丢球后，全队退至禁区前组织密集防守，阻击对方的进攻。

三、竞赛规则

（一）比赛场地

第一，足球场地长 100~110 米，宽 6~75 米，由边线、端线、球门线、中线、球门区、罚球区、脚球区、罚球点、中点、中圈、罚球弧等区界构成。

第二，场地各界线的宽度不得超过 12 厘米。

第三，球门宽 7.32 米，高 2.44 米，角旗高 1.50 米。

第四，主要区界作用。

（1）球门线

球门线是判断进球的标志线。罚点球时，守门员在球踢出前，必须两脚站在球门线上，不得移动。

（2）中线

中线指平分球场的横线。开球时，双方球员站在本方半场内，当球踢出越过中线进入对方半场时，比赛方为开始。

（3）球门区

球门区是指靠近球门的小长方形区域。当守门员在该区域内手中无球或在空中持球时，对方队员不得对他进行冲撞；发球门球时，守门员将球放在球出界一侧的球门区内。

（4）罚球区

罚球区指球门前的大长方形区域。在该区内，守方的守门员可用手触球；罚点球时，除守门员和罚球队员外，其他队员须退出罚球区和罚球弧外；踢球门球或守方罚任意球时，球必须踢出该区，比赛方为开始，在此之前，对方队员必须退出该区，并距球至少9.15 米远。

（二）比赛方法

1. 比赛时间

全场比赛时间为 90 分钟，分为上下半时，各 45 分钟，中间休息时间不得超过 15 分钟。因故损失的时间，应在该半时补足，具体时间由裁判员决定。在淘汰赛中，两队比赛成平局时，则通过加时赛或互踢点球方式决出胜负。

2. 队员人数

比赛时，每队上场队员 11 人，其中一人为守门员。国际正式比赛每队最多可替换 3 名队员。任何其他队员都可与守门员互换位置，但须事先通知裁判员，待死球时进行。被替换下场的队员不得重新上场比赛。

3. 比赛开始

比赛开始前应用掷币方式选定场地。裁判员发出信号后由开球队一名队员将球踢入对方半场。下半场双方交换场地进行，并由上半场开球队的对方一名队员开球。

（三）规则简介

1. 越位

当进攻队员较球更接近对方球门线者，即处于越位位置。

（1）越位判罚

在同队队员传球的一刹那，越位队员正在干扰比赛或干扰对方或正企图从越位位置获得利益，则判罚越位，应由对方队员在越位地点罚间接任意球。

（2）越位而不判罚

当队员仅处于越位位置或队员直接接球门球、角球、界外球时不应判罚为越位。

2. 犯规与不正当行为

直接任意球：

队员故意违反下列任何一项规定，应由对方队员在犯规地点踢直接任意球。

①踢或企图踢对方队员；

②绊、摔对方队员；

③跳向对方队员；

④冲撞对方守门员；

⑤打或企图打对方队员；

⑥推对方队员；

⑦铲球时，触球前触到对方队员；

⑧拉扯对方队员或向对方队员吐唾沫；

⑨故意手球或用手臂部携带、击打或推击球（除守门员在本方罚球区内）。

防守队员在本方罚球区内违反上述情况中的任何一种时，应判罚点球。

间接任意球：

队员故意违反下列任何一项规定，应由对方在犯规地点踢间接任意球。

①队员有危险动作；

②不合理冲撞、阻挡；

③守门员接回传球；

④有意延误比赛时间。

黄牌警告：

比赛开始后，队员擅自进出场地；队员持续违反规则；用言语或行动对裁判员的判罚表示不满，延误比赛时间，故意离开比赛场地，以及有不正当行为的，裁判员应给予黄牌警告，并判由对方在犯规地点踢任意球。

红牌罚出场：

有恶劣行为或严重犯规；暴力行为；用污言秽语辱骂对方队员；经黄牌警告后，又出现第二次可警告的犯规，以上情况应红牌罚出场，并由对方在犯规地点踢任意球。

掷界外球：

掷球时，队员必须面向球场，两脚均应有一部分站在边线上或边线外，不得全部离地，用双手将球从头后经头顶掷入场内。所掷界外球不能直接掷入球门。

角球：

当球被防守队员踢出本方端线时，由对方踢角球。踢角球时，不得移动旗杆，必须将球放在角球区内执行。踢角球可以直接射门得分。

第二节　篮球运动训练

一、篮球基本技术

（一）移动技术

1. 起动

从基本站立姿势开始，向前起动时以后脚或异侧脚（向侧起动）前脚掌短促有力地蹬地，同时上体迅速前倾或侧转，向跑动方向移动重心，手臂协调摆动，充分利用蹬地的反作用力，迅速向跑动方向迈出。

动作要领：移重心，起动后的前两三步前脚掌蹬地要短促有力。

2. 变向跑

变向跑是队员在跑动中利用方向的变化完成攻守任务的一种方法。从右向左变向时，最后一步用右脚前脚掌内侧用力蹬地，同时脚尖稍加内扣，迅速屈膝降重心，腰部随之左转，上体向左前倾，移动重心，左脚向左前方跨出，蹬地脚及时跟上。

动作要领：变方向的瞬间屈膝降重心、移重心，异侧脚前脚掌内侧迅速蹬地，同侧脚迅速跨出，蹬地脚及时跟上。

3. 侧身跑

侧身跑是队员在向前跑动中，为观察场上情况，侧转上体进行攻守动作的一种方法。队员在向前跑动时，头部与上体侧转向球的方向，脚尖正对跑动的前进方向，内侧腿深屈，外侧脚用力蹬地。

动作要领：面向球转体，切入方向的内侧腿深屈，外侧脚用力蹬地，重心内倾。

4. 急停

（1）跨步急停

急停时向前跨出一大步，腿微弯曲，脚跟先着地，同时上体稍后仰，重心后移，上第二步时重心下降，用脚掌内侧蹬地，停后重心移至两脚上。

动作要领：第一步要大，第二步要跟得快，脚前掌内侧用力蹬地。

（2）跳步急停

移动中用单脚或双脚起跳，上体稍后仰，落地时全脚掌着地，两腿弯曲，两臂屈肘微张，以保持身体平衡。

动作要领：重心放在两脚之间，两腿弯曲，两臂屈肘在体侧，保持平衡。

5. 滑步

滑步是防守移动的一种主要方法，可分为侧滑步、前滑步和后滑步。以侧滑步为例：滑步前，两脚左右开立约与肩同宽，膝微屈，上体稍前倾，两臂侧伸，目平视。向左滑步时，右脚前脚掌内侧用力蹬地，左脚同时向左跨出，在落地的同时，右脚迅速随同滑行，然后重复上述动作，滑步时身体要保持平稳。

动作要领：重心平稳，移动时做到异侧脚先蹬，同侧脚同时跨出，异侧脚再跟上。

6. 移动技术学练方法

（1）在明确各种移动技术动作要领的基础上做模仿练习，重点体会重心变换和脚用力的部位。

（2）在练习过程中，根据熟练程度，逐渐加快移动速度，直至达到实战需要。

(3) 做各种移动技术的组合练习，以提高动作的连接能力。

(4) 结合对抗做移动技术练习，以增加对抗性。

(5) 在实战中体会移动技术要点，以提高动作的实效性。

（二）传球技术

传球是篮球比赛中进攻队员之间有目的地转移球的方法。它是场上队员之间相互联系和组织进攻的纽带，是实现战术配合的具体手段。

1. 双手胸前传球

两手手指自然分开，拇指相对成八字形，用指根以上的部位持球，手心空出，屈肘持球于胸前。传球时，后脚蹬地重心前移，同时前臂迅速向传球方向伸出。拇指用力下压，手腕前屈，中、食指用力拨球将球传出。

动作要领：蹬地，展体，伸臂，扣腕，手腕急促地由下而上、由内向外翻，同时拇指下压，中、食指用力拨球。

2. 单手肩上传球

以右手传球为例。双手持球于胸前，两脚平行开立。传球时，左脚向传球方向迈出半步，同时将球引至右肩上方，肘外展，右手托球，左肩侧对传球方向，重心落在右脚上，右脚蹬地，身体向传球方向转动，以大臂带动小臂，肘关节领先，前臂迅速向前挥摆，手腕前屈，通过食指和中指拨球将球传出。球出手后，重心前移，右脚向前迈出半步，保持基本站立姿势。

动作要领：转体挥臂，扣腕，自下而上发力。

3. 传球技术学练方法

(1) 明确传球的动作要领，做原地徒手的模仿练习。

(2) 对墙设定目标，做原地传球练习，体会手臂、腕、指的动作及传球路线和掌握落点。

(3) 原地将球传给跑动中的队员，体会移动中传球的提前量和落点。

(4) 在消极防守的情况下练习传球的落点。

(5) 在实战中体会合理地运用不同的传球技术，控制球的速度、路线。

（三）投篮技术

投篮是篮球运动的关键技术，是唯一的得分手段，投篮得分的多少决定着比赛的胜负。

1. 双手胸前投篮

两脚前后站立，与肩同宽。双手持球于胸前，肘关节自然下垂。上体稍前倾，两膝微屈，身体重心放在两脚之间，目视目标。投篮时，两脚蹬地，腰腹伸展，两臂上伸，拇指向前压送，两手腕同时外翻，指端拨球，用拇指、食指、中指投出，腿、腰、臂自然伸直。

动作要领：动作的关键在于掌握好屈膝蹬地，腰腹伸展，手臂上伸和球出手时手腕、手指用力要连贯协调。

2. 单手肩上投篮

以右手投篮为例。右手五指自然分开，向后屈腕，屈肘持球于肩上，左手扶球，右脚稍前，左脚稍后，重心放在两脚之间，上体稍前倾，两腿微屈，目视目标。投篮时，用力蹬地，伸展腰腹，抬肘，手臂上伸，手腕、手指前屈，指端拨球，用中、食指将球投出，手臂向前上方自然伸直。

动作要领：投篮时要自下而上发力，抬肘，手臂上伸，屈腕拨球，将球投出。

3. 行进间单手低手投篮

右手投篮时，一般右脚腾空接球落地。接球时第一步稍大，第二步稍小，用左脚向前上方起跳。腾空时，持球手五指自然分开，托球的下部，手臂向上伸展。接近球篮时，手腕柔和上摆，食指、中指、无名指向上拨球，擦板或空心投篮。

动作要领：第一步大，第二步稍小且继续加速，腾空高，投篮瞬间要控制好身体的平衡。

4. 运球急停跳起投篮

在快速运球中，运用跳步或跨步急停，突然向上起跳，同时持球上举。当身体接近最高点时，前臂向前上方伸直，手腕前屈，食指、中指用力拨球，通过指端将球投出。

动作要领：运球急停跳投的关键在于快速运球中急停的步伐要稳，连接起跳技术要协调，身体腾空和投篮出手要协调一致。

5. 投篮技术学练方法

（1）明确投篮动作要领后，徒手做原地投篮的模仿练习。

（2）持球原地对墙或人做投篮练习。

（3）面对球篮做投篮练习，根据投篮技术掌握程度，变换投篮距离和角度。

（4）在消极防守下进行投篮练习。

（5）在实战中体会投篮动作，掌握投篮出手的力量、角度和时机。

（四）运球技术

运球是一项重要的进攻技术，是控制球、组织战术配合及突破防守的重要手段。

1. 高运球

运球时，两腿微屈，目平视，运球手用力向前下方推压球，球的落点在身体的侧前方，使球反弹起的高度在腰腹之间，手脚配合协调，使球有节奏地向前运行。

动作要领：运球手虎口向前，注意球的落点。

2. 低运球

两脚前后开立，两腿弯曲，重心下降，上体前倾，用远离防守队员的手用力向下短促地推压球。

动作要领：大小臂的发力要协调，手腕的用力要柔和，控制好球的反弹高度。

3. 运球急停急起

在快速运球中，突然急停时，手拍按球的前上方。运球疾起时，要迅速起动，拍按球的后上方，要注意用身体和腿保护球。

动作要领：运球急停急起时，要停得稳，起得快。

4. 转身运球

以右手运球为例。变向时，右脚在前为轴，做后转身的同时，右手将球拉至身体的左侧前方，然后换手运球加速前进。

动作要领：运球转身时要降低重心，拉球动作和转身动作要连贯一致。

5. 背后运球

以右手运球为例。向左侧变向时，右脚在前，右手将球拉到右侧身后，迅速转腕拍按球的右后方；将球从身后拍按至身体的左侧前方，然后左手接着运球，左脚向前加速前进。

动作要领：右手将球拉至右侧身后时，要以肩关节为轴，并迅速转腕拍按球的后上方。

6. 运球技术学练方法

（1）做原地的各种运球练习，体会手臂、手腕、手指及上下肢配合的协调性。

（2）做左、右手的直线运球，体会行进间运球的部位。

（3）运球熟练后，做多种运球的组合练习。

（4）结合防守做各种运球练习。

（5）在实战中体会各种运球的合理运用。

（五）持球突破技术

持球突破是持球队员运用脚步动作和运球技术快速超越对手的一项攻击性技术。

1. 交叉步突破

以右脚做中枢脚为例。两脚左右开立，两膝微屈，降低身体重心，持球于胸腹之间。突破时，左脚前脚掌内侧用力蹬地，上体稍右转，左肩向前下压，重心移向右前方，左脚向右侧前方跨出，将球引于右侧，右手运球，中枢脚蹬地向前跨出，迅速超越对手。

动作要领：蹬跨积极，贴近防守队员，转体探肩保护球。

2. 顺步突破

准备姿势和突破前的动作要求与交叉步相同。突破时，右脚向右前方跨出一步，向右转体探肩，重心前移，右手将球运在右脚的外侧，左脚迅速蹬地，向右前方跨出，突破防守。

动作要领：蹬跨积极，起动迅速，转体探肩保护球。

3. 持球突破技术学练方法

（1）原地徒手做持球突破练习，体会脚步动作的要领。

（2）原地持球做突破练习。

（3）结合球篮做持球突破接行进间投篮练习。

（4）消极防守做持球突破接行进间投篮练习。

（5）在实战中结合比赛的情况，合理运用突破技术。

（六）防守对手技术

防守对手是防守队员合理地运用各种步法和手臂动作积极地抢占有利位置，阻挠和破坏对手的进攻意图和行动，并以争夺控制球权为目的。

1. 防守无球队员

防守时，位置要保持在对手与球篮之间，偏向有球的一侧。防守队员要根据球和人的移动合理地运用上步、撤步、滑步、交叉步、并步和快跑等步法，并配合身体动作抢占有利防守位置，堵截其摆脱移动路线。在与对手发生对抗时，重心下降，双腿用力，两臂屈肘外展，扩大站位面积，上体保持适宜紧张度，在发生身体接触瞬间提前发力合理对抗。

动作要领：要抢占"人球兼顾"的有利位置，防守时，要做到内紧外松、近球紧、远球松，松紧结合。防止对手摆脱空切，随时准备协防补防。

2. 防守有球队员

应站位于对手与球篮之间。平步防守时，两脚平行站立，两手臂侧伸，不停地挥摆，适合于防运球和突破。斜步防守时，两脚前后站立，前脚同侧手臂向前上方伸出，另一手臂侧伸，适合于防守投篮。

动作要领：要及时抢占对手与球篮之间有利的防守位置，并根据进攻队员的技术特点，采用平步防守或斜步防守步法。

3. 防守对手技术学练方法

（1）在对手静止站立状态下，选择正确位置和距离。

（2）在对手移动时选择正确的位置和距离。

（3）结合移动技术练习，进行消极对抗下的防守练习。

（4）结合实战，根据场上情况，合理运用技术动作。

（七）抢球、打球、断球技术

抢球、打球、断球是防守中具有攻击性的技术，它是积极的防御思想在防守过程中的体现，是积极防守战术的基础。

1. 抢球

抢球动作可分为两种：一种是转抢。防守队员抓住球的同时，迅速利用手臂后拉和两手转动的力量，将球从对方手中抢过来。另一种是拉抢。防守队员看准对手的持球空隙部位，迅速用两手抓住球后突然猛拉，将球抢过来。

动作要领：判断准确，下手及时。

2. 打球

打持球队员手中的球时要根据持球的部位采用不同的动作。队员持球高时，打球时掌心向上，用手指和手掌打球的下部；队员持球低时，打球时掌心向下，用手指和手掌打球的上部。

动作要领：打球时动作要小而快，切记不要过大过猛。

3. 断球

断球方法分两种：一是横断球，二是纵断球。横断球时，降低身体重心，当球由传球队员传出时，单脚（或双脚）用力蹬地，突然跃出（两臂前伸将球断掉）。纵断球时，当防守队员从接球队员的右侧向前断球时，右脚先向右侧前方跨出半步，然后侧身跨左脚绕过对方，左脚（或双脚）用力蹬地向前跃出，两臂前伸将球断掉。

动作要领：掌握断球时机，动作快速突然。

4. 抢、打、断球技术学练方法

（1）徒手体会抢、打、断球时的手部动作。

（2）练习抢、打、断球时的脚部动作。

（3）抢、打持球队员手中的球。

（4）结合实战，合理运用抢、打、断球技术。

（八）抢篮板球技术

比赛中双方队员在空中争抢投篮未中从篮板或篮圈反弹出的球，统称为抢篮板球。抢篮板球技术又分为抢进攻篮板球和抢防守篮板球。抢篮板球技术由抢占位置、起跳动作、抢球动作等组成。

1. 抢占位置

无论是进攻队员或防守队员，在抢篮板球时，应根据对手和投篮队员所处的位置，判断球的反弹方向，运用快速的脚步移动，抢占在对手与球篮之间靠内线的位置，力争将对手挡在自己的身后。

动作要领：判断准确，移动及时，抢位得当。

2. 起跳动作

两腿屈膝，重心降低，上体稍前倾，两臂稍屈，举于体侧。起跳时，两脚用力蹬地，两臂上摆，手臂向上伸展，腹、腰协调用力。防守队员一般多采用转身跨步起跳，进攻队员则多采用助跑单脚起跳或跨步双脚起跳的方法。

3. 抢球动作

双手抢篮板球时，两臂用力伸向球反弹的方向。身体和手达到最高点时，双手将球握紧，腰腹用力，迅速屈臂将球下拉置于身前。单手抢篮板球时，身体在空中要充分伸展，达到最高点时，手臂要伸直，指端触球，用力屈腕、屈指、屈臂拉球于胸前，另一手护球。当遇到对方身材比较高，不能直接得到球时，可用手指点拨的方法，将球点拨给同伴或点拨到自己便于接球的位置。

动作要领：抢到球时，要迅速持球到有利位置，并加以保护或采用下一个进攻动作。

4. 抢篮板球技术学练方法

（1）徒手模仿起跳和抢球练习。

（2）自己向上抛球，练习单、双脚起跳抢球动作。

（3）两人一球，站篮圈两侧，轮换跳起在空中用单手或双手将球托过篮圈，碰板后传给同伴。

（4）三人一组，一人投篮，另两人练习抢进攻篮板球或防守篮板球。

（5）结合实战，练习抢篮板球。

二、篮球的基本战术

（一）篮球战术概念

篮球战术，是指在比赛中为了战胜对手，队员个人技术的合理运用和队员之间相互协调的组织形式。

（二）组成篮球战术的因素

无论攻、守基础配合，还是攻、守战术都包含有位置（落位）、任务、路线、技术、时间五个因素。

1. 位置（落位）

任何战术都有一定的落位队形，每个队员按一定阵形站位，这就是位置。

2. 任务

在完成战术配合过程中，每个队员都必须有明确的角色意识（自己是一个什么角色），并各尽其职去完成任务。

3. 路线

组织任何技术，人和篮球都应有固定的移动路线。根据战术要求和每个人的任务，队员和篮球有计划、有目的地移动，这就形成了一定的路线。

4. 技术

技术是战术的基础。每个队员必须有全面的技术。在执行全队战术配合时，每个队员根据具体职责，以娴熟的技术去保证战术配合的完成。

5. 时间

在完成战术配合时，必须根据战术的结构、组成情况，严格地按一定程序去完成，这就是时间上的要求。

以上五种因素互相联系，相辅相成，任何一个环节解决不好都会影响战术的质量。

（三）组织战术原则

第一，根据战略指导思想、技术风格和本队的具体条件确定适合本队情况的战术。

第二，应贯彻"积极、主动、勇猛顽强、快速、灵活、全面准确"的技术风格。

第三，组织进攻战术：首先，组织快攻要体现快速、灵活的风格，并具有本队的特点。其次，组织阵地进攻要坚持"点面结合""内外结合""左右结合""主攻与辅攻结合""组织抢进攻篮板球与退守结合"，组织好战术配合的连续性、队员之间配合的协调性以及队员在场上行动的统一性，充分发挥每个队员的攻击性。

第四，组织防守战术要贯彻攻势防守的原则。重视由攻势转守势的意识和速度，确定各种防守的固定队形和不固定队形，确定由攻转守时的紧逼、找人和封堵的分工、边堵边退的配合以及分布阵等，贯彻以集中优势兵力打歼灭战的原则。组织夹击，回防区域，积极进行抢、打、断和堵防、补防的结合，组织内外线防守力量和防守重点队员的分配，积极组织拼抢守篮板球，积极反攻。

（四）篮球战术基础配合

战术基础配合是两三人之间协同动作组成的简单配合。

1. 进攻战术基础配合

（1）传切配合

传切配合是两三名队员利用传球和切入组成的简单配合。

传切配合的要点：①合理选择进攻位置，队形要拉开，按战术路线跑动；②持球队员运用投篮和突破等假动作，吸引对手，以便及时把球传给切入的伙伴；③切入的队员要先靠近对手，然后突然快速侧身跑，摆脱对手向篮下切入，随时注意接球进攻。

（2）掩护配合

掩护配合是进攻队员选择正确的位置，运用合理的技术，以身体挡住同伴的防守队员的移动路线，给同伴创造摆脱防守、获得进攻机会的一种配合方法。

掩护配合的要点：①掩护队员要站在同伴的防守队员的移动线上；②掩护配合行动要突然、快速，运用假动作造成防守队员错觉，完成掩护配合；③同伴之间必须掌握好配合动作的时间；④当防守队员交换防守时，掩护队员要运用掩护后的第二个动作，突然转身切入篮下或寻找其他的进攻机会；⑤在进行掩护过程中，掩护队员和同伴都要做一些进攻动作，吸引住对手，达到隐蔽掩护配合的意图。

（3）突分配合

突分配合是持球队员运用突破打乱防守部署或吸引防守，并及时将球传给同伴，使同伴获得进攻机会的配合方法。

突分配合的要点：①突破队员的动作要突然、快速。在突破过程中，既要有传球的准备，又要有投篮的准备。②突破队员在突破过程中，要始终注意观察场上攻、守队员位置变化，及时分球或投篮；场上其他进攻队员要掌握时机跑到有利的进攻位置上去接球。

（4）策应配合

策应配合是指进攻队员背对或侧对球篮接球，并以他为枢纽，与同伴相互配合而形成的里应外合的进攻方法。

策应配合的要点：①正确选择策应点，迅速摆脱防守，抢占策应的位置；②策应队员接球后两脚开立，两腿弯曲，上体稍前倾，两肘微屈，两手持球于腹前，用臂和身体保护好球，要随时注意观察场上情况，以便及时将球传给有利进攻机会的同伴或自己伺机进攻；③策应队员在策应过程中，运用好跨步、转身来调整策应方向和位置，以便协助同伴摆脱防守或为自己创造进攻机会；④同队队员传球给策应队员后，要及时摆脱、接应或切向篮下进攻。

2. 防守战术基础配合

防守战术基础配合是两三名队员在防守中运用协同防守配合的方法，它包括挤过、穿过、交换防守、"关门"、夹击、补防等防守配合，是组成全队防守的基础。

（1）挤过配合

挤过配合是当掩护队员在进行掩护的一刹那，被掩护的防守队员主动上前，靠近自己的防守对象，并随其移动，从两名进攻队员之间侧身挤过去，继续防守自己对手的配合方法。

挤过配合要点：①防守掩护的队员，应及时提醒同伴注意对方掩护，自己随移动应稍向后撤，以便补防；②被掩护的防守队员要及时、主动上步贴近自己的对手。

（2）穿过配合

当防攻队员进行掩护时，防守掩护的队员主动后撤一步，让同伴（被掩护的防守队员）及时从自己和掩护队员之间穿过去，以便继续防守住自己对手，称为穿过配合。

穿过配合要点：①当对方掩护时，防守掩护的队员要主动、及时后撤一步；②被掩护的队员要快速穿过被堵住的进攻路线。

（3）交换防守配合

交换防守是为了破坏对方的掩护配合，两名防守队员及时交换自己防守对手的一种配合方法。

交换防守配合要点：①交换防守前，防守掩护的队员要及时地把换人的信号告诉同伴并积极堵截切入队员的路线；②被掩护的防守队员接到换人的信号后，积极堵截掩护队员向内线切入的移动路线。

（4）"关门"配合

"关门"是当进攻队员持球突破时，防守突破的队员向侧后滑步。同时，临近突破一侧的防守队员迅速向进攻队员的突破路线滑动，与防守突破的队员靠拢，像两扇门一样地关起来，堵住持球突破队员的一种配合。

"关门"配合要点：①防守突破队员要积极防守，堵住进攻队员的突破路线，临近突破一侧的防守队员及时、快速地向同伴靠拢进行"关门"，不给突破队员留有空隙；②"关门"后，突破队员一停球，协助"关门"的队员迅速回防自己的对手。

（5）夹击配合

夹击配合是两个防守队员利用有利的区域和时机，封堵持球队员的传球路线，造成持球队员传球失误或违例的一种协同防守的配合方法。

夹击配合要点：①正确选择夹击的区域和时机；②夹击配合时，行动要果断、突然，两名夹击队员应充分运用身体、两臂严密固守持球队员，两人的双脚位置约成90度，不让其对手向场内跨步；③夹击时，防止身体接触或抢球造成的不必要的犯规动作；④防守的两名队员在夹击配合过程中，其他防守队员要紧密配合，放弃远离球的进攻队员，严防近球的进攻队员接球。

（6）补防配合

当防守队员被对手突破或绕过时，临近的其他防守队员主动放弃自己的对手，去补漏防守的配合方法，称为补防配合。

补防配合要点：①当同伴被对方突破后，临近的防守队员要大胆放弃自己的对手，果断、突然、快速地补防；②补防时，应合理运用技术，避免犯规；③被对手突破而漏防的队员应积极追防，补防同伴的对手，注意观察对手传球路线，争取断球。

3. 快攻与防守快攻

快攻是指在由防守转入进攻时以最快的速度、最短的时间，在人数上造成以多打少的优势，或在人数相等以及人数少于对方的情况下，乘对方立足未稳，果断而合理地进行攻击的一种快速进攻战术。

快攻战术是全队战术的主要组成部分，是篮球比赛中得分的重要方法，为国内外篮球队所重视。因此，在快攻训练中，必须加强快攻基础战术的练习以及攻防转化意识的练习，培养勇猛顽强的意志品质和勇于取胜的集体主义精神，不断提高快攻战术质量。

（1）发动快攻的时机

①抢到防守篮板球时发动快攻。②抢、打、断球，获球时发动快攻。③掷界外球时，要想到发动快攻。④跳球，获球后发动快攻。

（2）快攻的形式

快攻的形式分为长传快攻、短传快攻和结合运球突破快攻三种。

①长传快攻。长传快攻是防守队员在后场获球后，立即快速地用一次或两次传球给迅速超越对手的同伴进行投篮的一种配合方法。

长传快攻的要点：全队要有快攻意识；由攻转守获球队员迅速观察场上情况，机警、快速地传球；快攻队员要全力快跑超越对手，并准确判断来球的方向和落点，在跑动中完成接球和投篮。

②短传快攻。短传快攻是防守队员获球后，立即以快速的短传推进和快速跑动获得投篮机会的一种配合方法。

③运球突破快攻。这球类破快攻是在防守中获球后，在不便于传球的情况下，快速运球推进，创造或寻找配合机会，提高快攻的速度和威力。

（3）防守快攻

防守快攻是防守战术的主要组成部分。它是在进攻转入防守的刹那间，快速地、有组织地制约对方的反击速度和破坏对方快攻路线的配合方法。

防守快攻的要点：

①提高投篮命中率，拼抢篮板球：从比赛规律看，抢篮板球发动快攻的次数最多。因此，提高投篮命中率，减少对方抢篮板球的机会最重要。即使投篮不中，也要拼抢篮板球，破坏对方在空中点拨球发动第一传。

②封第一传，堵接应：当对方控制了篮板球时，离持球队员最近的队员要迅速上前封锁对手的传球路线，其他队员应判断好接应点，阻挠对方接应第一传和有组织地退守。

③堵中路，卡好两边：除封第一传，堵接应外，还应组织力量堵截中路，迫使对手沿边线推进。同时，卡好两边，以防对方偷袭快攻。

④提高以少防多的能力：防守快攻结束阶段，若遇以少防多时，防守队员要沉着冷

静，有信心，充分发挥防守的积极性，判断准确，积极移动，合理运用技术，及时补位，提高防守效果。

4. 防守战术的基础配合

防守战术的基础配合有挤过、穿过、换防、补防、"关门"和夹击配合等形式。

（1）挤过、穿过配合

当对方进行掩护时，如果防守者发觉，可根据对方掩护者和被掩护者的距离远近，决定向前一步挤过或后撤一步穿过及时防住对手。

（2）换防配合

换防配合是为了破坏对方的掩护配合，防守队员之间彼此及时地交换自己所防守的对手的一种配合方法。

（3）关门配合

"关门"是临近的两个防守队员协同防守突破的配合方法。

（4）夹击配合

夹击配合是两个防守队员运用合理的防守技术，积极防守一个进攻队员的配合方法。

（5）补防配合

补防配合是两三个防守队员之间的一种协同防守的配合。当同伴失去有利防守位置，进攻队员有直接得分的可能时，临近的防守队员要立即放弃自己的对手进行补防。

（五）区域联防

区域联防是防守时，每个人分工负责防守一定的区域，严密防守进入该区域的球和进攻队员，并与同伴协同防守的集体防守战术。

区域联防要求合理地分配队员的防守区域，在分工负责防守区域的基础上，五个队员必须协同一致，积极随球移动，加强对有球一侧的防守，做到近球者紧，远球者松；有球者上，无球者补。区域联防的战术队形常用的有"2-1-2""2-3""3-2""1-3"等。

区域联防应根据进攻队的特点和本队的条件来决定采用哪种站位队形进行防守。"2-1-2"联防是区域联防的基本形式，五个队员的位置分布较均衡，移动距离短，便于相互协作，能相对减少犯规。

（六）半场人盯人防守

半场人盯人防守是指在后场每个防守队员盯住一个进攻队员，同时协助同伴完成集体防守任务的全队防守战术。

它的特点是以盯人为主，分工明确，能有效地控制对方进攻重点。半场人盯人防守分为有球一侧防守与无球一侧防守。

有球一侧防守：球在正面圈顶一带时，要错位防守，以防守对手接球为主。球在45度角一带时，要侧前防守。

无球一侧防守：球在圈顶一带和45度角时，无球侧防守者应回缩，注意协防和篮下。进攻人盯人防守时有各种阵形打法，主要是由传切、掩护策应等局部配合组合而成。

三、篮球基本竞赛规则及裁判法

篮球比赛中，分为主裁判和副裁判。但是在判罚时，主裁判无权改判副裁判的判罚。主裁判有权决定规则中没有明确规定的事项，决定计时员和记录员意见不同的事项等。副裁判协助主裁判组织好比赛，并与主裁判共同履行规则。

（一）比赛场地

篮球的球场，如图5-1所示。

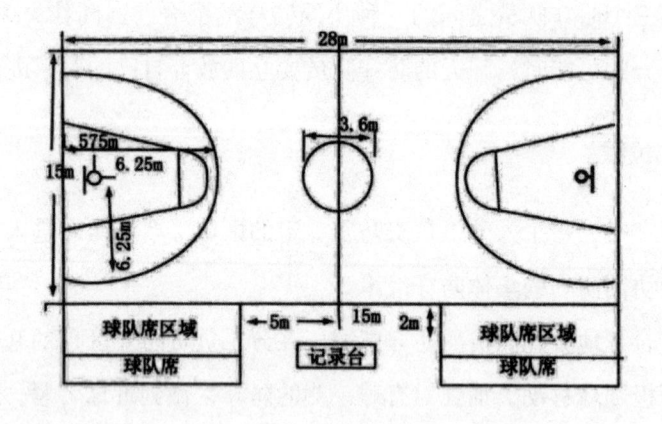

图5-1 篮球场地

（二）比赛通则

1. 比赛时间

比赛由4节组成，每节10分钟（CBA及NBA的比赛时间为每节12分钟），若进行决胜期则每一决胜期的比赛时间为5分钟。在第1节和第2节（上半时）、第3节和第4节（下半时）之间以及每一决胜期之前应有2分钟的比赛休息时间，上、下半时之间的休息时间为 15 分钟。为进行下半时的比赛，球队应交换球篮。在所有的决胜期中，球队应朝向第 4 节中相同的球篮继续比赛。第 4 节及每一决胜期的最后 2 分钟投球中篮后，应停止比赛计时钟。

2. 暂停

在上半时的任何时间内每队可准予 2 次要登记的暂停；在下半时的任何时间内每队可准予 3 次要登记的暂停；在决胜期的任何时间内每队可准予 1 次要登记的暂停。每次暂停时间为 1 分钟。

3. 替换

球成死球，比赛计时钟停止时，均可以进行替换。在第 4 节或决胜期的最后 2 分钟内，投篮得分时，非得分队可以请求替换。

（三）违例

违例是违反规则。罚则是将球判给对方队员在最靠近发生违例的地点掷球入界。

1. 时间方面

（1）3 秒

两个条件：球在前场、计时钟走动。三种情况默许：队员试图离开限制区；队员在限制区接球时不足 3 秒并开始运球试图投篮；队员在限制区停留超过 3 秒但外线队员正在做投篮动作时。

（2）5 秒

被严密防守时；掷界外球时；罚球时。

（3）8 秒

队员获得控制球时从后场推进到前场不得超过 8 秒。注意中线是后场的一部分，球触及前场的地面或队员、裁判员即认为球进入前场。

（4）24 秒

一次完整的进攻时间。在 24 秒内投篮球出手且触及篮圈或进入球篮，其他情况则为违例。强调一下，若 24 秒回表则 8 秒重新计算。

2. 关于球的方面

（1）两次运球。

（2）带球走。

（3）携带球。

(4) 球回后场。

(5) 脚踢球（拳击球）。

(6) 干扰球。

(7) 球出界和队员出界。

(8) 跳球违例。

(9) 故意将球投入本方球篮。

(10) 掷界外球时持球移动超过 1 米（在裁判员指定的掷球地点）或者不止向一个方向（左右）移动；掷球时直接将球投入球篮、球在手中时进入球场内、球离手后球触及界外、球触及另一队员前，在场上触及球。

（四）犯规

犯规是对规则的违犯，含有与对方队员的非法身体接触和/或违反体育道德的举止。罚则是判给对方掷球入界（若出现跳球情况则按交替拥有箭头执行掷球入界）和/或执行罚球等。队员 5 次犯规（CBA 和 NBA 为 6 次）后将被罚出场。在一节中某队已发生了 4 次（CBA 和 NBA 为 5 次）全队犯规时，该队是处于全队处罚状态。

1. 侵人犯规

非法用手、非法掩护、阻挡、推人、撞人、拉人、过分挥肘、背后非法防守等。

2. 双方犯规

3. 违反体育道德犯规

4. 取消比赛资格犯规

5. 技术犯规

6. 打架

第一，在罚球结束后、球到队员手中准备发球入场前请求暂停或换人时，如果最后一罚或仅有的一次罚球命中，则准许两队暂停或换人。

第二，如果罚球结束后在记录台对面的中线延长线处发球入场，则无论最后一罚命中与否，都应在最后一罚后准许两队暂停或换人。

第三，在第 4 节或决胜期的最后 2 分钟，如果在下列情况下：

(1) 有效投篮后准许非得分一方请求暂停。

(2) 准许被授予本方后场球权的一方请求暂停。

暂停结束后，应在记录台同侧的中线延长处发球入场。发球入场的队员有权将球传到球场上任何地方的队友。

第三节 排球运动训练

一、排球基本技术

排球的基本技术包括准备姿势与移动、传球、垫球、发球、扣球、拦网等。

（一）准备姿势与移动

准备姿势：双脚前后并立，略与肩宽，脚跟微微地提起，屈膝稍内收，上体前倾、抬头双眼注视来球，身体重心保持在两脚之间。

移动：主要表现起动与制动的步法，其步法包括并步、滑步、交叉步、跨步、跑步和综合步等。

实际练习：

1. 看手势做动作

第一，全班成2~4列横队站立，教师向前平举手时，学生做半蹲姿势；向上举手时，学生做稍蹲姿势；向下举手时，学生做低蹲姿势，如此反复进行。

第二，队形同上，教师指向左方，学生向右侧移动；指向右方，学生向左移动；指向前方，学生后退移动；指向后方，学生向前移动，如此反复进行。

2. 听口令做动作

（二）传球

传球是利用手指手腕伸臂动作来进行传球的技术，它分为正传球、背传球、侧传球和跳传球四种。

基本要求：

第一，做好排球的准备姿势。

第二，手型：手腕后仰，手指自然分开微屈成半圆球形，小指朝前，拇指相对成一字形，间隔约2厘米，置于头的前额上方一球处，准备传球。

第三，用拇、食、中指承受球的压力，无名指和小指控制球的方向，触球瞬间，用手指弹力和手腕、伸臂、蹬地的力量将球传出。

实际练习：

(1) 徒手模仿手型和协调用力。

(2) 自抛自接（用传球手型接球）。

(3) 对墙近距离传球。

(4) 自传。

(5) 两人一组间隔两米一抛一传。

(6) 两人对传。

(三) 垫球

垫球是利用双手小臂形成的垫击面插入球的下面，根据来球的反弹力向前上方击球的过程，主要用于接发球、防守、救各种难球，是组织进攻的基本环节。其技术有：正面双手垫球、体侧垫球、跨步垫球、单手垫球、背垫球以及前扑、鱼跃垫球。

动作要领：

第一，叠指法：两手小鱼际平行靠拢，一手四指并拢重叠在另一手并拢的四指上屈指，两手拇指平行靠拢。

第二，双臂夹紧、伸直、含胸收肩，压腕插入球下。

第三，蹬地送腰，以肩关节为轴，手腕上10厘米处迎击来球。

实际练习：

(1) 徒手练习协调用力。

(2) 自垫。

(3) 对墙垫。

(4) 一抛一垫。

(5) 对垫。

(6) 一抛一移动垫球。

(四) 发球

发球标志着比赛的开始，是一种直接得分的进攻方法，同时还能破坏对方的战术。发球可用手掌、手根、虎口击球。它分为正面和侧面下手发球，正面上手发球、正面发飘球、勾手大力发球、勾手发飘球和跳发球。

1. 正面下手发球

动作要领：

第一，两脚前后开立，前手持球手臂略伸直，轻抛球 25 厘米左右高，身体重心放在前脚上。

第二，后手后引，以肩关节为轴，经后、下、前挥臂击球的后下部，同时身体前送，随之进场。

2. 正上手发球

动作要领：

（1）两脚前后开立，重心落在后脚上。

（2）左手向前上方抛球，高度适中，同时右手臂抬起弯曲后引，上体右转，挺胸，展腹。

（3）击球时右臂上举伸直，随着蹬地，收腹迅速挥臂击球的后中下部，重心移至前脚。

实际练习：

（1）练习抛球。

（2）在限制线后隔网发球。

（3）降低球网全场发球。

（4）对发球。

（五）扣球

扣球是利用良好时机和跳起的高度，用手将球快速直接地击在对方场区内。扣球是进攻的最有效方法，是进攻得分的重要手段。扣球的种类有正面扣球、勾手扣球、扣快球、调整扣球。

动作要领：

第一，根据球速、方向、高度做好判断步和起跳步选点，屈膝深、起跳快、蹬地猛，上肢配合摆动等有效动作的配合。

第二，起跳后展腹挺胸，展肩拉肘，击球时手臂伸直，收腹转肩，迅速挥臂，以手掌击球中上部，并包卷球体。

实际练习：

（1）挥击悬吊物。

(2) 两人一组原地对扣球。

(3) 徒手练习助跑步法。

(4) 降低球网自抛自扣。

(5) 两人一组降低球网一抛一扣。

(6) 助跑扣球。

(六) 拦网

拦网是队员在网上利用自己跳起的高度和掌握的时机，用双手阻击对方扣击过来的球，所以拦网是防守的第一道防线，反攻的重要环节，得分的重要手段，还可以直接破坏对方的进攻战术。拦网技术是根据对方扣球的位置、技术特征来决定拦网起跳时机。起跳时双手从额前向网前上方伸出，两臂伸直，提肩，手指自然分开，触击球时，手指紧张，迅速压腕。

二、排球运动基本战术

排球战术，是场上队员在比赛中根据排球规则、排球运动的规律及彼我双方的具体情况和临场的发展变化，有意识地运用技术配合，所采用的有目的、有预见性的行动。排球战术分为进攻战术和防守战术两大体系。

(一) 排球战术分类

战术是一种意识或素养，是指场上运动员在发挥技术的过程中，支配自己行动并带有一定战术目标的心理活动。

排球战术意识是指队员在发挥技术过程中，具有一定的战术目的的心理活动，是队员在运动实践中具备的经验、知识和才能的反映。战术意识的具体内容反映在技术的目的性、行动的预见性、判断的准确性、攻防的主动性、战术的灵活性、动作的隐蔽性和配合的一致性等方面。排球战术分为个体战术和群体战术，其群体战术可分进攻战术和防守战术。

1. 进攻战术

进攻是为了使击入对方的球落地或让对方失误而采用的符合规则的方法与手段。群体进攻战术，主要内容包括"中一二""边一二"进攻战术。

第一，"中一二"进攻战术，是由二传（3号位）把球传给4号位和2号位的进攻形式。

第二,"边一二"进攻战术,是由2号位担任二传,把球传给3号位和4号位的进攻形式。

2. 防守战术

防守是把对方击来的球在个体或群体按规则规定取得成功而得分的球。防守战术主要包括接发球、接扣球及拦网等内容。

接发球站位阵形是指在对方发球时,本方为接好球而站的位置。主要有以下几种。

第一,六人接发球站位或称"一二一二"站位,这是初学者教学比赛用的站位阵形。

第二,五人接发球站位或称"一三二"站位,亦称"W"阵形,是各种比赛时的站位阵形。

第三,四人接发球站位。

第四,边跟进防守站位。

第五,心跟进防守站位。

(二) 阵容配备、交换位置及信号联系

1. 阵容配备

阵容配备是合理地搭配场上队员,充分发挥每个队员特长和作用的组织手段。

(1) "四二"配备

两个二传手安排在对称位置上,其他四人为两个主攻手、两个副攻手分别站在对称的位置上。

这种阵容配合,使每一个轮次前后排都能保持一个二传队员和两个进攻队员,便于组成"中一二"和"边一二"进攻战术。

(2) "五一"配备

五个扣球队员和一个二传队员的配备。这种配备,适合攻防兼备、技术较全面的队采用。二传队员的对角位置配备一名接应二传,以弥补二传队员来不及去传球的空隙。

比赛中,在规则允许的情况下,根据战术的需要,可采取交换位置的方法,充分发挥每个队员的特长,以达到扬长避短的目的。

2. 队员之间的换位

(1) 前排队员之间的换位

①为加强进攻,把进攻能力强的队员换到最有利的位置上;②为加强拦网,把拦网好

的队员换到 3 号位；③为了保证二传的场上组织进攻，使二传基本换在 3 号位。

(2) 后排队员之间的换位

为加强后排防守，可把队员互换到各自擅长的防守区域，采用专位防守，或把防守能力强的队员换到防守任务重的区域。

3. 信号联络

排球运动是一项需要高度配合默契的集体项目，为实现快速多变的攻防战术配合，必须通过信号联络统一行动。信号联络有以下几种：

第一，语言联络：多用简练的语言，将战术编成代号进行联络；

第二，手势信号联络：确定几种战术手势，在接发球时或防守时由二传队员出示；

第三，落点信号联络：根据一传球的落点位置，作为发动某种战术的信号。

三、排球规则简介

（一）场地设备

排球的球场，如图 5-2 所示。

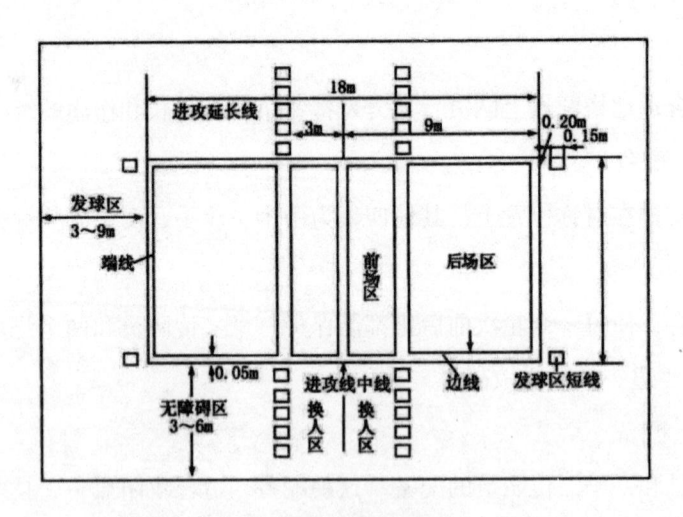

图 5-2 排球球场

排球场地长 18 米、宽 9 米，场地中间有中线和球网，将场地平分为两边 9 米×9 米的正方形，两边各边有一条与中线平行的进攻限制线，距中线 3 米，进攻限制线又将各边场地划为前区和后区。成人网高男子为 2.43 米，女子为 2.24 米，网两端有长 1 米、宽 5 厘米的白色标志带垂直边线，两端白色标志带外沿分别设有长 86 厘米的标志杆。球场四周线宽为 5 厘米，在场区内。

（二）得分与轮转

排球比赛按每球得分制计算，当比赛开始无论哪一方球落在本场内、四次触球、持球、连击、过中线、位置错误、将球击出界外等失误为失分。得分方发球。如果发球方失误，对方除得分外还要取得发球权。此时发球方应按顺时针方向依次轮转一个位置发球，使比赛继续进行。

（三）位置错误与触球

第一，准备发球时，场上队员站位不能出现前后、左右位置错位，一旦发球后或击球瞬间场上队员不受位置限制，可以随意移动。

第二，球在某方场区内，该队最多轮流触及三次（拦网除外），球落地为死球。

（四）持球与连击

第一，场上队员可以用身体的任何部位击球，但击球时球停留时间较长（如携带、捞捧、推）应判为持球。

第二，如一队员连续两次击球（拦网除外）为连击。

（五）网前、网上犯规

1. 比赛中队员触及网、标志带（竿）为触网
2. 单脚或双脚超越中线为过中线
3. 在对方场区空间内击球为过网击球

（六）后排犯规

后排队员在前区将高于网沿的球跳起直接击入对方或参加拦网，叫后排犯规。

（七）暂停与换人

第一，每场比赛的前四局分别有三次暂停。在领先队的8、16分时共计两次技术暂停是自动执行，时间为1分。另外还有一次普通暂停，时间为30秒。决胜局无技术暂停，但有两次普通暂停，时间为30秒。

第二，每队每局只能换人6次，开局的场上队员被替补换下后再次上场，必须回到原

来的轮次位置，替补队员每局只能替补上场一次，并且必须是被替补下场的队员来替换下场。

自由人可在比赛中断到裁判鸣哨发球前从进攻线到端线之间后区的边线自由进出，任意替换后排一队员，不计入正常换人次数。

第四节 乒乓球运动训练

一、乒乓球的基本技术

（一）握拍技术

1. 直握拍法

（1）快攻型直握拍法

拍柄贴在虎口上，拇指的第 1 指节压住球拍左肩，食指的第 2 指节压住右肩，拇指第 1 指节和食指第 1、2 指节位于球拍前面成钳形，两指尖距离 1~2 厘米，其他 3 指自然弯曲叠置于拍后。

（2）弧圈型直握拍法

食指扣住拍柄与拇指共同形成环状，其他 3 指在拍背面自然微伸叠置于拍后。

2. 横握拍法

（1）攻击型横握拍法

拇指自然斜伸，贴于拍面。食指自然斜伸，贴于球拍背后，用第 1 指节顶住球拍，顶点略偏上。

（2）削攻型横握拍法

拇指在前自然弯曲贴于拍柄，食指在拍后自然斜伸贴于拍面，其他各指自然握住拍柄。

（二）站位技术

运动员为了便于回击各种不同落点和性能的球，在每次击球前，都会根据个人的打法和身体特点力求使自己处于一个相对固定的位置，并保持一种相对稳定的姿势。这个相对固定的位置就叫基本站位，这种相对稳定的姿势就叫基本姿势。选择正确的基本站位与姿势，有利于迅速起动移动步法，占取合理的击球位置，充分发挥自己的技术特长。

（1）基本站位

进攻型打法一般距离球台50厘米左右，擅长近台进攻的选手，站位可再稍近些。擅长中远台进攻的选手，站位可稍靠后些。擅长正手侧身抢攻的选手，可站在球台偏左侧。擅长打相持球或反手实力较强的选手，可站于球台中间略偏反手的位置。削攻型打法一般距离球台100~150厘米，多在球台中间略偏反手的位置。

基本站位所指的是一个大概范围，并不是固定的一点。各种类型打法的基本站位不仅不一样，而且它们所指的范围大小也不相同。直拍近台快攻打法的基本站位所指范围较小，弧圈球打法就大些，而削球打法则更大。

（2）基本姿势

两脚开立，比肩稍宽，左脚稍前，右脚稍后，前脚掌内侧着地，脚后跟略提起，两膝自然微屈，重心在两脚之间，含胸收腹，身体略前倾，肩关节放松，执拍手位于身前偏右处，球拍略高于台面。另外，每个选手的基本姿势还要依其身体条件及技术特点略有变化。

（三）步法

乒乓球练习时，由于来球的落点不断变化，要正确地还击每个来球，除必须具备快速的反应和良好的身体素质外，还要靠正确、灵活的步法，及时移动身体到最佳的击球位置。常用的移动步法有单步、并步、跨步、跳步、侧身步、交叉步、结合步等。

1. 单步

击球时以一脚的前脚掌为轴着地，另一脚向前侧、后移动一步，在来球离身体较近角度不大，小范围内使用。

2. 并步

击球时以来球异方向的脚向同方向的脚并一步，然后同方向的脚再向来球方向移一步，移动时无腾空动作，在小范围移动时应用。

3. 跨步

跨步是指一只脚向不同方向跨出一大步，另一脚迅速跟上半步。常在来球急、角度大、离身体较远时使用。

4. 跳步

一脚用力蹬地，使双脚离开地面，同时向左、向右或前后跳动，快攻型打法用此来侧身。

5. 侧身步

右脚向左脚并拢落地时，左脚向左侧方调整一小步，并向侧前方迈出一步。

6. 交叉步

先以靠近来球的脚作为支撑脚蹬地，使远离来球的脚迅速向来球方向跨出一大步，原蹬地脚向前移动一步，一般用来对付离身体较远的球。

7. 结合步

使用一种步法不能获得最佳击球位置时，可使用结合步来完成，移动范围比单一步法大。

实际练习：

(1) 左右移动（以球台宽度为界），30 秒~1 分钟为一组。

(2) 左右跨跳（以 1/2 球台宽度为界），30 秒~1 分钟为一组。

(3) 交叉步移动（以球台长度为界），30 秒~1 分钟为一组。

(4) 摸球台端线两角（左右侧前、侧后移动），30 秒~1 分钟为一组。

(5) 用多球练习提高步法移动速度。

（四）发球

发球是唯一不受对方制约的技术，是比赛中力争主动、先发制人、争取胜利的重要环节。

1. 正手平击发球

动作要领：左脚在前，身体稍向右转，抛球同时右臂稍向后引拍，拍形稍前倾，持拍手从身体右后方向前挥拍，击球的中上部；击球后，前臂和手腕继续向左前方摆动，身体重心移至左脚。

要点：击球后的第一落点应落在球台的中区。

2. 正手发下旋与不转球

动作要领：

(1) 发下旋加转球方法

左脚稍前，右脚在侧后，左手掌心托球于身体右前方；将球抛起，当球从高点下降至与网同高时，前臂加速向左前下方发力，击球中下部向底部摩擦，触球时，拍面后仰，手腕加力，切球越薄，发出的球越转。

要点：用球拍的下半部偏前的部分摩擦球的中下部，触球瞬间，加强用力，做下旋的摩擦。

（2）发不转球方法

发不转球动作方法与发下旋加转球动作方法基本相同，注意拍触球时，减少向后角度，并稍加前推的力量。

要点：用球拍的上半部去摩擦球的中下部，触球瞬间同样加速，注意体会球拍吃不住球的感觉。

实际练习：

（1）徒手模仿练习。要求：体会手臂、手腕的发力。

（2）一发一接练习。要求：相似动作发不同旋转的球。

（3）发旋转球。要求：发球时要求手法相似。

（4）台面发球比准。要求：先发斜线，再发直线。

（5）采用多球练习。如一筐筐球。

（6）可由浅入深，从易到难，落点从不定点到规定区域。

练法点拨：

第一，正手平击发球是一切发球的基础，也是练习正手攻球的起点，一定要动作规范。

第二，发球的关键是掌握好击球点，而击球点又与抛球的准确性和稳定性关系密切。执拍手臂发力，控制拍形，触球时间与部位相关联，要反复进行分解练习和对教学练习挡板、墙进行自练。

第三，抛球不稳定，造成失误多或落点不稳定，须反复练习抛球和执拍手的配合。

第四，击球点过高或过低，造成球出界或下网，可采用多球提高练习密度，并按动作要求反复练习。

第五，发平击式球，拍面前倾不够和发加转下旋球拍面后仰过多，均会造成发球不过网。纠正时须调整拍面角度，并规定第一落点应在台面近端线的40厘米范围区域内。

（五）推挡球

推挡球技术特点是站位近、动作小、击球早、球速快、变化多。推挡包括快推、加力推、反手减力推等技术。

1. 推挡

动作要领：挥拍向前方偏上，加力击球的中部，击球时肘关节加速展开以便发力，如挡直线，当球从台面弹起时，前臂向前迎球，手腕略向外展，拍稍竖起，拍面对着对方左角，在球的上升期击球的中上部，拍形稍前倾。如挡斜线，手腕稍向内转，使拍形对着对方右角，触球中上部。

要点：随势挥拍，距离要短，快速还原。

2. 快推

动作要领：击球前，判断来球，选好站位，左脚稍站前，击球时，以肩为轴，屈肘向后稍引拍，右肩下沉，触球中上部，借球的反弹力击球的上升期，前臂稍旋外手腕外展，拍面稍前倾。

要点：肘关节应贴近身体，前臂稍前迎，拍头向斜下方。

3. 加力推

动作要领：加力推的击球时间比快推稍晚一些，拍略提高一些，以肩为轴，屈肘引拍向后稍下，发力时，拍形固定，手腕不加转动，充分发挥身体向前压和伸肘关节的力量。

要点：触球时拍前倾，身体重心稍提起，高点期击球的中上部。

4. 反手减力推

动作要领：选好站位，左脚稍前，击球前屈肘向后方偏上，以肩为轴，拍形稍前倾，在球上升期，挥拍向前下方触球瞬间停止挥拍，以减弱发力。

要点：随势挥拍，动作是向后收回。

实际练习：

(1) 原地颠球。要求：熟悉球性。

(2) 对墙推挡。要求：体会手腕动作。

(3) 两人对推。要求：先练习中线，再练斜线与直线。

(4) 一推一攻。要求：先练推定点，再练不定点。

(5) 技术水平不同的同学互帮互助。

练法点拨：

①对墙推挡是提高推挡球技术的重要手段。一般50次左右方可二人对练。

②注意握拍，推挡时前臂外旋，转动手腕向前上方用力，在来球上升期触球中上部或中部。

③站位稍近台，反复体验推挡动作，建立快节奏概念。

（六）攻球

攻球是乒乓球技术中重要的组成部分，是比赛克敌制胜的重要手段。攻球包括：正手快攻、正手快拉、侧身正手攻球等。

1. 正手快攻

动作要领：击球前，左脚稍前，身体离台40厘米左右，前臂稍后引，球拍置于身体右侧后方，拍面稍前倾，手臂向左前方迎球；击球时，上臂带动前臂在球的上升期击球中上部。

要点：击球时，前臂在球的瞬间旋内，注意还原。

2. 正手快拉

动作要领：快拉与快攻动作的不同之处是引拍时，身体重心稍下降，球拍略低于球，成球瞬间撞击结合摩擦球的中部，来球下旋强烈时，触球中下部，击球时间为下降前期，触球瞬间手腕有一向上摩擦球的动作。

3. 侧身正手攻球

动作要领：首先要迅速移动脚步到侧身位置，身体侧向球台，左脚稍前，上体略前倾并收腹。根据来球情况，在侧身位置用正手攻球的各种技术击球。

实际练习：

（1）徒手模仿练习。要求：体会挥臂、转腰和重心交换。

（2）一人发球，一人练习攻球。要求：在移动中攻球。

（3）一人推，一人练攻球。要求：按规定线路练习。

（4）斜线对攻、中路对攻。要求：按规定线路练习。

（七）搓球

搓球是近台还击下旋球的一种基本技术，其技术特点：动作幅度不大，出手较快，弧线低，落点变化丰富。搓球是用下旋控制技术中的基本技术，它包括：反手慢搓、反手快搓。

1. 反手慢搓

动作要领：击球时，利用手臂前送的力量，击球的下降期，触球的中下部向底部摩擦。

要点：直拍者手腕做伸，横拍者手腕做内收。

2. 反手快搓

动作要领：击球前，身体靠近球台站位，拍面稍后仰，引拍至身体左前上方；手臂向左前下方迎球击球时，前臂加速向前下方用力，击球的上升期，触球的中下部借助来球的力量回击。

要点：搓球过程中要有手腕动作，手臂要与身体协调一致。

实际练习：

(1) 徒手做模仿搓球的练习。

(2) 自己向球台抛球，弹起后将球搓过网。

(3) 在接发球时，将球搓回对方球台。

(4) 对搓练习。

(5) 各种搓球法交替练习，体会不同的手法。

二、乒乓球的基本战术

运动员在比赛中根据自己和对方的具体情况，有目的、有意识地运用技术，就构成乒乓球的战术。

(一) 单打战术

1. 发球抢攻战术

反手发右侧上（下）旋球，至对方中路靠右近网处，伺机抢攻；反手发急上（下）旋球，至对方左角，配合发近网短球，伺机抢攻；正手发左侧上（下）旋球，配合发转与不转球抢攻；正手高抛发左侧上（下）旋球（长、短球）至对方左角后抢攻。

2. 推挡侧身抢攻战术

用推挡技术压住对方反手，伺机侧身抢攻。

3. 对攻战术

这是进攻型打法选手互相对垒时常用的战术。主要有：紧压对方反手结合变线；连续压中路及正手；调右压左；轻重力量变化等战术，伺机抢攻；近台打（拉）回头和远台对攻（拉）及放高球的战术，以争取由被动变主动。

4. 攻对削战术

有拉两角杀中路；拉中路攻右（左）角；拉右（左）杀左（右）；拉远台迫使对方离台远，然后放短球，扰乱对方步法，伺机扣杀。

5. 以削为主，削中反攻战术

以旋转和落点变化迫使对方回球偏高，伺机反攻或使对方失误；以稳削变化旋转和落点为主，适当配合反攻；连续削加转球至对方左角，然后配合送不转球至对方右角；连续削对方正手，突变削对方反手，迫使对方用搓球回接，伺机反攻，削转与不转球，配合控制落点，伺机反攻；交叉削逼两角，伺机反攻。

（二）双打战术

为了协同作战，加强配合，双打选手在发球时可用手势相互暗示发球意图，尽量为同伴创造抢攻条件，力争主动。在接发球时应以抢攻、抢拉为主。当发球或接发球后，可运用打一角的战术，迫使对方两人在一角匆忙换位，再突袭另一角；亦可交叉攻两角或长短结合的战术，打乱对方两人的基本站位、走位，从中创造进攻机会。

三、乒乓球的竞赛规则

1. 场地与器材

球台用木料或其他材料制成长 274 厘米、宽 152.5 厘米，离地面高度 76 厘米。球桌中间横放一长 183 厘米、高 15.25 厘米的球网。如图 5-3 所示。

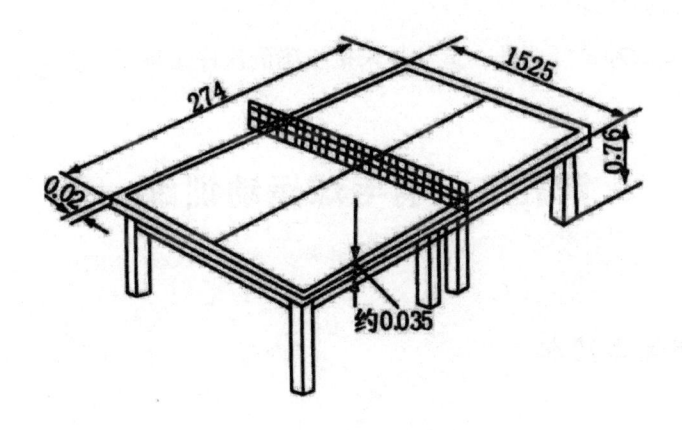

图 5-3 乒乓球台（单位：厘米）

2. 比赛项目

乒乓球比赛设男女团体、男女单打、男女双打、男女混双七个比赛项目。

3. 一场比赛

一场比赛采用五局三胜制、七局四胜制。

4. 一局比赛

以得 11 分为胜，若打到 11 平后，先多得 2 分者为胜。

5. 发球的次序

一局比赛中每一方运动员连续发 2 个球后，就换发球。比分打到 10 平或执行轮换发球法时，每得 1 分就换发球，直到这局结束。在双打时，发球和接发球次序不变，但每个运动员每次是轮发 2 个球，直到该局结束。

6. 合法发球

球静放于伸平的手掌心上。上抛球高度不少于 16 厘米，不得偏离垂直线 45 度以上，不能使球旋转，球下降才能击球。球应先落在本方台面，然后越过网落在对方台面。

7. 合法还击

运动员必须用球拍或执拍手手腕以下部位击球，使其越过球网落在对方台面。

8. 失分

除重发球外，在每个回合中出现下列情况就判失 1 分。

未能合法发球和合法还击、拦击或阻挡；

连续两次击球和球连续两次触本方台区；

运动员和其他物品移动了台面和触及球网；不持拍的手触击台面；

发球时运动员或同伴跺脚；

在双打中，除发球和接发球外，运动员未按正确的次序击球。

第五节　羽毛球运动训练

一、羽毛球的基本技术

（一）握拍

正确的握拍是各种击球动作的基础。握拍的正确与否将直接影响击球的准确性，影响技术的全面发挥和提高。握拍法有正手握拍法和反手握拍法两种。

1. 正手握拍法

握拍时，先用左手拿住拍子的腰杆，使拍面与地面垂直，然后张开右手掌，虎口对准拍柄侧面内沿，拇指与中指接近，食指稍分开自然放松，其他三指自然地握住拍柄。

2. 反手握拍法

在正手握拍的基础上，把拍柄稍向外转，食指收回，拇指的第二节内侧顶贴在拍柄的内侧棱上或面上，其他三指放松地握住球拍，手心与拍柄之间留有一定的空隙，使手腕和手指能灵活运动。

不论用哪种握拍法，在击球之前，握拍要做到松握自然，在球与球拍接触的一刹那，再紧握球拍。

（二）发球和接发球

1. 发球

它是羽毛球击球技术中最基本的技术。发球技术有正手和反手两种。按球在空中飞行的弧线可分为高远球、平高球、平球和网前小球四种。

（1）正手发球

以发高远球为例，左肩侧对球网，左脚在前，脚尖朝前，右脚在后，脚尖稍向右侧，身体重心在右脚上。右手的上臂和前臂同时向右肩后侧上方举起，肘部微屈，左手持球举在腹部右前方，发球时左手放球下落的同时，球拍由下而上快速挥动，拍击下落的球底。这时，球借臂力、腕力和球拍的弹力向前飞出。球击出后，球拍随惯性往左侧上方挥动，重心由右脚移至左脚，球拍快速回复至发球前位置。

发平高球、平快球、网前球的动作要领与发高远球基本相同。不同之处在于发球人的站位、球的高度与弧度、拍面发力的方向变化、速度与落点不同。

（2）反手发球

在双打比赛中运用尤为普遍。这种发球的特点是动作小、速度快和隐蔽性强，易于迷惑对方。

动作要领是：发球人站位应靠近发球线。左、右脚在前均可。身体重心放在前脚上，上体稍前倾，右手反手握拍，拍面稍后仰，置于左腰侧，手背朝网，适当抬起，肘部弯曲。左手持球，注意击球点不应过腰，要充分利用前臂带动腕、手指向前横切推送，使球落在对方场区的前发球线附近。

不论发何种弧度的球，都要注意发球姿势和身体重心移动的一致性，使对方不易看出你要发什么球。

2. 接发球

接发球同样是羽毛球技术中最基本的技术。掌握好接发球技术是克敌制胜的重要环节。

接发球时，站位应在本场区中间附近处，左脚在后，侧身对网，后脚跟稍提起，身体稍前倾，右手持拍在右侧身前，两眼注视对方。

（三）击球

击球是羽毛球运动的一项重要技术，只有熟练地掌握击球技术，才能积极主动地控制球速和落点，充分发挥击球的威力。

击球技术依据动作特点，一般可分为高手击球、网前击球、低手击球三种。

1. 高手击球

这种击球的特点是击球点高、速度快、变化多，具有一定威胁性。它是羽毛球后场击球动作的基础，在比赛中运用最多。也是快攻打法的最基本技术。

（1）高远球

高远球可分正手、反手击高远球和头顶击高远球。

①正手击高远球是将来球击得较高较远而垂直降落在对方底线附近的球。击球前，首先看准来球的方向和高度，迅速调整好位置和步法，使来球在自己的右肩前上方。成左脚在前，右脚在后，身体重心在后脚，侧身对网的准备姿势。开始击球时，右手举拍向后拉引，肘弯曲比肩略低，当球落到一定高度时，手臂迅速向上挥拍，手腕充分后屈，以肩为轴，上臂带动前臂快速向前甩动手腕。若拍面稍向斜前上方与球接触，则击出的球成平高球。若拍面向前方与球接触，击出的球成平球。击球后，手臂应顺惯性往右肩下方挥动，身体重心由后脚逐渐移向前脚。

②反手击高远球的要领是：当来球到左后场区时，右脚向左脚跨出一步，身体随着向左旋转，背对网，球拍由身体前举至左肩部位，用反手握拍击球。击球时先抬肘关节，以上臂带动前臂向后甩腕。

③头顶击高远球的准备姿势同正手击高远球，不同的是击球点在左肩上方，击球时，侧身对网并后仰，球拍绕过头顶从左上方向前挥动。主要靠前臂带动手腕的快速闪动力量才能击出快而有力的高远球。

不论击什么球，击球之前，握拍要放松自然，击球时肘关节要先行，击球点要高，动作要小，小臂与手腕闪动要快，爆发力要强。

（2）吊球

把对方击来的高球，还击到对方网前区的球，叫吊球。它是组织战术配合不可缺少的重要环节，在单打战术中运用较多。吊球在后场和高球、扣球配合运用，会给对方造成很大的威胁。

吊球有轻吊、劈吊两种。轻吊带有切削动作，用力较轻，球速较慢，落点离网较近。劈吊切削动作幅度比轻吊稍大些，球速快，弧度较平，落点一般都超过前发球线，它带有假动作，与平高球配合运用，很容易打乱对方的战术。

吊球的准备姿势与击高远球基本相同，但用力不同。在挥动球拍时，球拍面的正面向里倾斜，形成半弧形，触球时，手腕快速"闪"动。若拍击球托的右侧向左下切削即为头顶吊对角球，若拍击球托的左侧，即为反手吊球。当对方的来球弧度较高时，手腕向前推送的力量要小些，而向下切削的力量要大些。当来球弧度较平时，则手腕向前推送的力量大些，向下切削的力量应小些。

不论吊什么球，击球点要高，控制好击球的力量，注意手腕的快速闪动和切削的角度，这样才能把球吊好吊准。

（3）扣杀球

把对方击过来的球，用力迅速地往对方场区下压，叫扣杀球。这种球的特点是速度快、力量大、威胁性大。它既是直接得分的主要手段之一，又是组成战术配合的有效技术。扣杀球可分为正手扣杀球、反手扣杀球和头顶扣杀球三种。

①正手扣杀球的准备姿势与正手击高远球的基本相同。不同点在于准备击球时，身体稍向后倾，选择最高击球点。当击球的刹那间，要充分伸直手臂紧握球拍，用前臂带动手腕向下猛扣。

②反手扣杀球的准备姿势与反手击高远球基本相同。不同处在于当来球落在左肩的前上方时，背朝网，右脚向左侧跨出一步，球拍由前举到左肩。当球拍触球的一刹那，握紧球拍，用肘关节带动前臂和手腕，用力向下扣压。

③头顶扣杀球的准备姿势与头顶吊球基本相同。不同处为当来球落到头顶和左肩前上方时，利用腰腹肌和身体的力量，以肘关节带动手臂和手腕由左前方的侧转动作将球用力向下扣压。

2. 网前击球

网前击球一般可分为搓球、推球、钩球、扑球等。

（1）搓球

动作要领（以正手网前为例）：左脚蹬地，右脚向网前跨步成弓箭步，侧身对网，重心在右脚上，手臂前伸，自然放松，击球点要高，出手要快，击球前握拍的腕部和手指要放松。在击球的一刹那，拍面与网成斜面，利用手腕的力量迅速地向前切削搓击球托的左下侧面，使球滚过网去。

（2）推球

动作要领：准备姿势与网前搓球基本相同。在击球的一刹那间，拍面几乎与网平行，向前转动腕、指，利用手腕和手指的力量向前快速"闪"动，将球击到对方的底线。正手推球多靠手腕和食指的力量，反手推球多靠手腕与拇指的力量向前推动球拍。

（3）钩球

动作要领：准备姿势与网前搓球基本相同。只是在击球的一刹那，拍面向里倾斜，球拍击球托的侧面，手腕和手指同时向里钩动。当来球离网较高时，拍面可稍向下或向平行网的方向用力。如来球离网较近时，击球时拍面可稍向上方用力。

（4）扑球

动作要领：准备姿势与推球基本相同。只是当对方打来的球在网前上空时，快速举拍向前，利用小臂和手腕的力量，轻轻向下方"闪"动球拍。争取在较高的击球点把球向下压。当拍面触球后立即收回，以免触网犯规。

无论搓球、推球、钩球、扑球，都要求击球点要高，一般在网的上部，使球的落点尽可能在对方网区内。击球时要注意灵活地用手腕发力。

3. 低手击球

它是一种不可缺少的防守性技术，难度较大。运用得当，能收到以守为攻的效果。低手击球可分为挑球、平抽球、挡球三种。

（1）挑球

动作要领：准备姿势与网前推球基本相同。不同处为击球时挥拍动作小，紧握球拍，以肘关节为轴、带动手腕和手指向前上方击球。反手挑球用反手握拍法握拍，以肘关节先行，快速挥动小臂闪动。

（2）平抽球

动作要领：准备姿势与挑球基本相同。不同处为击球时拍面与地面几乎垂直，靠前臂带动手腕向前"闪"动，当球拍触球时，拍面向前击球。

（3）挡球

动作要领：半蹲姿势，身前举拍，把握好用力和方向。在击球的一刹那，紧握球拍，以手腕和手指的力量回击。挡直线时，拍面朝正前方；挡对角线时，拍面朝对角方向。若来球近身体时，采用转身动作挡球。

（四）步法

羽毛球步法有上网步法、后退步法和两侧移动步法三种。

1. 上网步法

站位在球场中间。当对方击网前球时，脚跟提起轻跳迅速调整身体重心。若以两步上网时，左脚先迈出一小步后蹬地，右脚紧接着迅速向前跨出一大步，以脚掌外侧和脚后跟落地滑步缓冲。左脚随即向前跟进，以协助右脚回蹬。上体侧身向前倾，两腿成弓箭步，右脚尖朝外斜。击球后，以并步或小跑步返回原来位置。若以三步上网时，右脚先迈出一小步后，左脚垫上一步或从右脚后面交叉一步，并随着蹬地。右脚紧接着迅速向前跨一大步，左脚同时向前跟进，以协助右脚回蹬。击球后，并步或小跑步回中心位置。

不论三步、两步或一步上网，最后一步都要求右脚在前，身体重心在右脚。

2. 后退步法

后退步法有正手、头顶交叉和反手后退三种，应根据来球的落点和速度灵活地加以运用。

（1）正手后退步

以并步后退步为例，当对方快击球至后场时，轻跳调整重心，然后右脚蹬地，快速向右后撤一小步，髋关节随着带动上身转体侧身向网，接着左脚并步靠近右脚跟，右腿再向后移至击球位置。在移动中，做好挥拍击球的准备，待来球在右肩上方下落时，做正手原地或跳起击球。击球后用并步或小跑步回中心位置。

（2）头顶交叉后退步

准备姿势与正手后退步基本相同。不同处为第一步右脚蹬地后撤向左后方，上身随着右腿向左后方转体的幅度大小，上体向左后仰，左脚后退一步体后交叉，右腿再移至来球位置，能头顶击球。

（3）反手后退步

准备姿势与正手后退步法基本相同。只是当对方来球到反手底线时，右脚并步移向左脚后跟，身体随之向左后侧转，然后右腿蹬地，左脚向左后方撤一步，背对网，右脚从左脚前向左后方跨步到击球位置，做反手击球动作。

无论采用何种后退步法，最后一步都必须是右脚在后，身体重心落在右腿上。

二、羽毛球的战术

战术是根据对手的技术、打法、体力和思想意志等因素，从发挥自己的长处，弥补自己的短处出发，为争取比赛胜利而采取的各种策略。

1. 单打战术

第一，发球抢攻。即从发球的第一拍起，争取控制对方，攻杀得分。一般以发网前低球结合平快球、平高球，争取第三拍主动进攻。

第二，攻后场。对后场还击力量较差的对手，可以攻后场底线两角，乘机进攻。

第三，攻前场。对基本功差的选手，可将其引到网前，争取得分。

第四，打四方球。若对手步法较慢，体力稍差，技术不全面，可以快速准确的落点攻击对方场区的四个角落，伺机向空当进攻。

第五，杀吊上网。当对手打来后场高球，先以杀球配合吊球把球下压，落点要选择在场区的两条边线附近，使对手被动回球。若对手还击网前球时，迅速上网搓球、钩球或平推球，创造在中后场大力扣杀的机会。

第六，守中反攻。先以高远球诱使对方进攻，在对手强攻不下、疏于防守时，即可突击进攻，或在对手体力下降、速度缓慢时，再发动进攻。

2. 双打战术

（1）发球、接发球战术

双打的发球往往是决定胜负的关键。发球要根据对方情况，选择好站位，注意球路、落点的变化，争取主动。因双打的发球线比单打短76厘米，不利于发高球，往往以发网前球为主。接发球时如判断起动快，有较好的出手手法，常可以扑球使对方被动，或是以搓、推获得主动进攻的机会。

（2）攻人（2打1）

集中攻击对方有明显弱点的队员。当另一队员前来协助时，露出空隙，可攻空隙；若另一名队员放松警惕时，可攻其不备。

（3）攻中路

当对方处于并排防守站位时，可攻对方两人的中间。当对方前后站位时，就可把球下压或轻推在两边线半场处。

（4）攻后场

遇到后场扣杀能力差的对手，可采用平高球、推平球、接杀挑底线，把对方一人紧逼在底线两角移动。当对手被动还击时，大力扑杀。如另一对手后退支援时，即可攻网前空当。

(5) 后攻前封

当本方处于主动进攻前后站位时，后场队员逢高球必杀，迫使对手接杀挡网前，为本方前场队员创造封网扑杀机会。前场队员要积极封锁前场，迫使对方被动挑高球，遇挑高球不到后场，就会为本方创造得分机会。

(6) 守中反攻

在防守中寻找反攻的机会，以达到摆脱被动转为主动进攻的局面。待到有利时机就运用反抽或挡网前回击对方的杀球，从守中反攻，争得主动权。

三、羽毛球的比赛规则

（一）场地与器材

场地为长方形，长 13.4 米，双打宽 6.1 米，单打宽 5.18 米，场地包括各线宽度。网高 1.55 米，网中央 1.524 米，网长 6.1 米，宽 0.76 米，如图 5-4 所示。

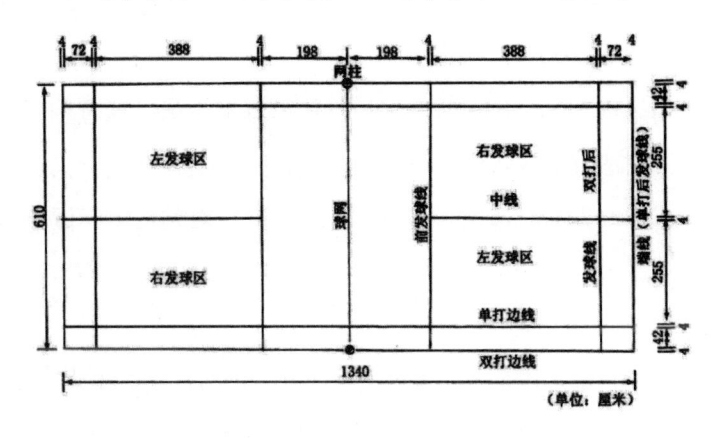

图 5-4　场地（单位：米）

（二）决定比赛胜负与计分

羽毛球比赛均采用三局两胜制。除女子单打每局 11 分外，其余每局均为 15 分。

不论是单打还是双打，除女子单打外，当双方比分打到 14 平时，先得 14 分一方有权选择再赛 3 分或按规定打满 15 分。女子单打则是比分打到 10 平先得 10 分一方可选择再赛。获准再赛时的比分从 0 比 0 开始报分。

（三）交换场地

每赛完一局或在决胜局中某方先得 8 分（15 分为一局）。女子单打先得 6 分（11 分为一局）时，双方交换场地，由上局胜方发球。

（四）得分和换发球

只有发球方胜球，才能得分，输球不失分换为对方发球。接发球方胜球不得分，只获得发球权。

（五）发球方位

单打比赛中发球方分数为零或偶数时，双方应在右发球区发球和接发球。分数为奇数时，双方应在左发球区发球和接发球。双打中每方有两次发球权（每局开始发球的一方只有一次发球权），每次换发球时，无论得分情况如何，均从右区先发球，发球方得分，交换方位继续发球，只要一方继续发球，就要在两发球区交替发球至斜对方的发球区，但双方方位不变。两次发球权失去后，换为对方发球。

（六）重发球

在下列情况均判为重发球：发球时已挥拍，但没有击中球；球过网时停置在网上或虽已过网但挂在网上；发球方位或顺序错误；球在飞行时羽毛与球托分离；裁判员未报完比分就将球发出；发球时双方同时违例；遇有外界干扰时；裁判员不能做出判决时。

（七）合法发球

发球时（球与球拍接触的瞬间），球的任何部分与拍的击球点不得高过发球员的腰部。球拍顶端虽未向下，整个拍框应该明显低于握拍的整个手部。两脚或任何一脚不得移动或离地，也不得踏线。发过去的球应落在规定的对方区域。

（八）合法击球

击球时不得连击、持球、过网击球。

第六节　网球运动训练

一、网球的基本技术

（一）握拍法

1. 单手握拍/正手握拍击球。
2. 单手握拍/反手握拍击球。
3. 双手握拍/正手击球。
4. 双手握拍/反手击球。

（二）发球技术

在现代网球运动中，发球技术是非常重要的，是唯一由自己掌握的击球法。它可以不受对方制约，在较大的程度上能够发挥个人的特点，为自己的进攻创造有利的条件。

1. 握拍法

大陆式或东方式反拍握拍法。

2. 准备姿势

侧身站立在端线外，左肩对着左边网柱，面向右边网柱，两脚开立约与肩宽，左脚与端线约成45度，右脚约与端线平行。

3. 击球动作

当左手抛出球时，球拍继续向上摆动，当球下降到击球点时，迅速向上挥拍击球，左脚上蹬，双肩与球网平行。挥拍击球时，持拍手腕带动小臂有一个旋内的"鞭打"动作，这就是发球发力的关键动作。

4. 随杆动作

球发出后，身体向场内倾斜，保持连续的完美的向前上方伸展的随杆动作。球拍挥至身体的左侧，重心移向前方，做到完全自然地跟进而保持身体平衡。

（三）接发球技术

1. 正确的握拍法

应根据运动员习惯的握拍法来决定。大陆式握拍，正、反拍无须换握拍；东方式或西方式、混合式握拍的正、反拍击球须换握拍，当球一离开对方的球拍，就应该决定是否要转变握拍。向后拉拍时改换握拍要做到迅速及时，才能还击好来球。

2. 准备姿势及站位

接发球的准备姿势只要能以最快的速度还击球就行。当对方发球前，可以两膝弯曲，两腿叉开；当对方抛球准备击球时，可以重心升起两脚快速交替跳动，并判断来球准备回击。接第一发球时站位稍靠后些，接第二发球时站位稍靠前些。

3. 击球动作

接发球的关键在于：快速灵敏的判断、反应和充分的准备。当击球点在身体前面时，在判明来球的方向后，即向后转动双肩，马上向前迎击来球。迎上去顶击球时，要握紧球拍，手腕保持固定，使拍面正对着来球。

（四）底线正拍击球技术

底线正拍击球技术包括底线正拍击球和底线反拍击球。包括平击、上旋和下旋等各种击球法，每种击球法的特点不同，所起的作用也不一样。底线正拍击球种类和要点如下。

1. 底线正拍平击球击球法

动作要点：东方式或东西方混合式握拍法，以腰的扭转带动拉拍，动作放松，手腕控制好拍面；充分利用转腰和腿部力量，整个手臂的挥动要快，用力要集中，球拍击球的中部；进攻击斜线时应击球的中右部，进攻击直线时应击球的中部为主；挥拍动作不应过于向上，应几乎平行地向前挥动击球。

2. 底线正拍上旋击球法

第一，行弧线高，下降速度快，落地弹跳后如冲跳，是对付上网型打法、把对方压在底线打或打超身球的有效技术。

第二，动作要点：握拍应是东西方混合式；击球时，用腰的扭转做到左肩和右肩的交互交换，使身体成为开放姿势再出拍，手腕稳定，球拍由下向上方挥动；击球后，手腕放松，最后把球拍挥至内侧，靠近身体；击球部位在球的中部或中部偏上的位置。

3. 底线正拍下旋击球法

动作要点：判断来球，及早做出准备，击球的上升期，后摆动作要小，拍面略开，在击球瞬间，拍面几乎是垂直地面的；击球点在身体的侧前方，击球时身体重心随挥拍动作一起向前，同时步法要跟上；若来球是上旋球，应击球的中部，向前向下推动用力，若来球是下旋球，应击球的中下部，向前并略向上推动。

（五）底线反拍击球技术

由于底线反拍击球力量比正拍要小，因此，在比赛中都被对方当作弱点来对付，如果底线反拍击球技术掌握得好，就能在比赛中争取主动，提高自信心。

1. 底线反拍击球的动作要点

（1）握拍与准备姿势

东方式反手握拍法，准备动作与底线正拍准备动作相同。当判断来球是反拍时，握拍转换成东方式反拍握拍法。

（2）后摆动作

左手轻拖球拍颈部，转动双肩。右肩侧身球网，几乎是背对球网，同时右脚向左侧前方跨出，全身自然放松，注意力集中，握拍手肘关节弯曲并贴近身体。

（3）击球动作

要把球打得既狠又准，就必须向前迎击来球，击球点在右脚的侧前方，力争打上升球。当向前挥拍时，朝着球网一鼓作气地回身转腰，拍面垂直于地面，肘关节稍屈并外展，手腕锁紧，并由下向上方用力挥出，在将要击球时刻，身体重心由右脚移向前脚，使身体重心顺畅地移到击球中去。

（4）随挥动作

为了控制球，跟进动作时球拍应向上挥到肩或头部的高度，同时保持身体平衡并准备下一拍的击球。

2. 底线反拍击球种类和要求

（1）底线反拍上旋球击球法动作要点

向后拉拍要早，借助转体，右肩侧对左侧网柱，右脚向前方跨出，向后引足拉拍；当球落地弹起，借助腰的回转，球拍由后下向前上方挥出，击球点在身体侧前方，击球时球拍垂直于地面，击球的中部偏下；击球后动作要向正前上方挥出，重心由左脚移至右脚，面对球网。

（2）底线反拍下旋球击球法动作要点

击球前的后摆动作与上旋球的后摆动作有所区别，不同点在于削球动作的后摆是持拍手借助转肩侧身向后上方摆拍，拍头约与头部同高。持拍手肘关节微屈并靠近身体，右脚向前上方跨出，重心在左脚；击球点在身体侧前方。若打斜线球，击球点要提前一些；若打直线球，击球点要稍后一些。向前挥拍击球时，朝着球网回身转腰，肘关节外展，手臂伸直，手腕锁紧，身体重心由左脚移到右脚，膝关节微屈；击球时拍面要微后仰，球拍由后上方向前下方挥动做切削动作，击球点在球的中部或中部偏下。击球后球拍的随挥动作应由下稍微向上成弧形挥动到肩或头部的高度并面向球网。

（六）截击球技术

截击球技术包括：高球截击、低球截击、中场截击和近网截击。由于截击球的距离短、球速快，正、反拍截击球要转换握拍是很困难和不切实际的，所以截击球的握拍法采用东方式反拍握法或大陆式握拍法。

1. 近网正拍截击动作要点

判断来球，迅速调整位置、控制拍面。若来球快且平，拍面应稍开，击球中下部，手腕锁紧，以短促的动作向前向下顶撞来球。若来球快且高并略带上旋，拍面应垂直，击球中部，以短促的动作向下、向前顶撞来球；后摆动作要小，身体重心向前，靠转体带动完成后摆动作，击球点在身体侧前方；击球时左脚向左前方跨出，同时身体重心落在左脚上，肘关节离身体不要太远；动作短促、随球动作小，并迅速准备下一拍击球。

2. 近网反拍截击动作要点

准备动作与近网正拍截击动作相同，要求重心要低，后摆动作要小；以肩和肘关节为轴，由上向下或由后向前顶撞击球，手腕锁紧，以前臂发力控制落点；击球时右脚跨出，重心在后脚上，随击动作短小有力。

二、网球的基本战术

（一）单打战术

1. 发球战术

因发球不受对方支配，可通过力量、速度和落点达到得分目的。针对对方弱点的发球，如对方反手弱等，运用不同的发球方式，制造上网截击的机会。利用风向、阳光等自然条件的发球，给对方制造困难。

第一次发球，多采用大力平击发球，造成对方难以抵挡而失误。第二次发球为求成功，多采用切削发球或旋转球。

发球站位也应有战术考虑。发第一区时，尽量接近中点线站位，发直线球逼住对方反拍；发第二区时，可距中点线稍远站位，便于以更大的斜线发至对方反拍区，并扩大自己正拍防守的区域。

2. 接发球战术

接发球一般是处在被动地位，但也应做些战术上的准备，以减少被动，争取主动。

站位：为避免接球时的大距离奔跑，接球站位应选在对方向本人左右发球夹角的分角线上，并站在端线内半米处。这样利于左右回击和上网回击。

接发球方法：一般多采用平击抽球，将球回击到对方底线两角，也可加旋转使球旋向两边线外，使对方大范围左右奔跑。

3. 上网战术

上网是积极主动的打法。在发球或接发球后冲到离网较近的位置，不等对方回击的球落地，即进行空中截击或高压击球。

上网时机：多用于第一次发球。发急速旋转球后，借球在空中飞行时间长，对方难于回击之机上网截击。

上网站位：尽可能站到距网约2米处，近网进攻威胁性大，封网角度小，防守控制面积大，但必须有强力高压球做保证，否则对方挑高球时便陷于被动。

上网击球：上网击球主要采用截击球和高压球，还要根据对方的站位决定击球的方向和落点。

底线战术：底线击球应以进攻性打法为前提，用快速、准确、凶狠的击球取胜对方。常用的办法有大角度抽击球，使对方左右奔跑；有逼右攻左，逼左攻右，攻击对方的弱点；有大力击直线球，在速度上压制对方等。

（二）双打战术

双打比赛的站位，一般是正拍好的站位靠右侧，反拍好的站位靠左侧，最理想的配对是一个右手握拍，一个左手握拍。发球时，发球者站在端线后中线与边线一半处。同伴则站在距网2~3米、离边线3米处，守住半边场区，伺机截击或高压击球，接发球时，接发球者在可能发到的角度的分角线上，同伴则站在发球线前距网4~5米、离边线3米处。同伴之间要有默契，一般原则是来球在两人之间，由正拍击球者回击；球在两人之间又是斜线来球时，由距离近的运动员迎击；挑高球落在两人间，由正拍击球者进行高压击球；对方接发球回击过来的中场球，由上网运动员争取截击，另一同伴注意补漏。

三、网球场地与竞赛规则

（一）场地和设备

网球的球场，如图 5-5、5-6 所示。

网球场地长 23.77 米，单打场地宽 8.23 米，双打场地宽 10.97 米。大致分硬地、沙土地、草地、塑胶场地等几种。球网中心高度为 0.914 米，将场地分成两个半场。全场除端线可宽至 10 厘米外，其他各线的宽度应在 2.5~5 厘米范围之内。球的外表是用纺织材料统一制成，颜色为白色或黄色，球的直径为 6.4~6.71 厘米，重量 57~59 克。

（二）竞赛规则

网球运动是 2 人或 4 人隔网相对，在单打或双打场地上用球拍往返击打网球的运动项目。男子单打、双打采用五盘三胜制（或三盘两胜制），女子单打、双打和混合双打采取三盘两胜制。

1. 胜一局

每胜一球得一分，胜第一分记分 15 分，胜第二分记分 30 分，胜第三分记分 40 分，先得四分者胜一局。但与双方各得三分时，则为"平分"。"平分"后，一方先得一分时，为"发球占先或接发球占先"。"占先"后再得一分，才算胜一局；如一方"占先"后，对方又得一分，则仍为"平分"，以此类推，直到一方在"平分"后净胜两分结束该局，为胜一局。

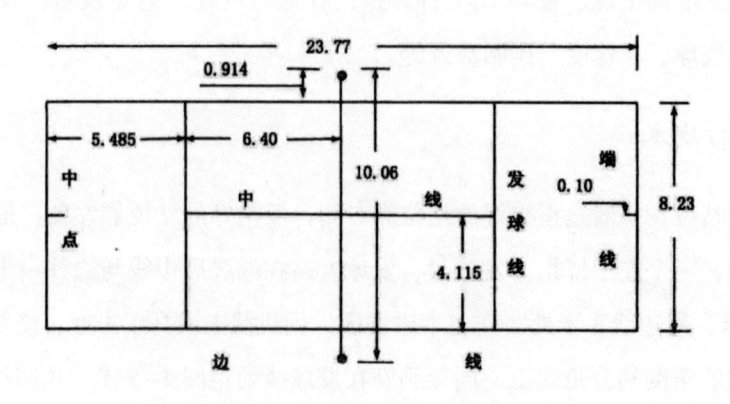

图 5-5 单打网球场地（单位：米）

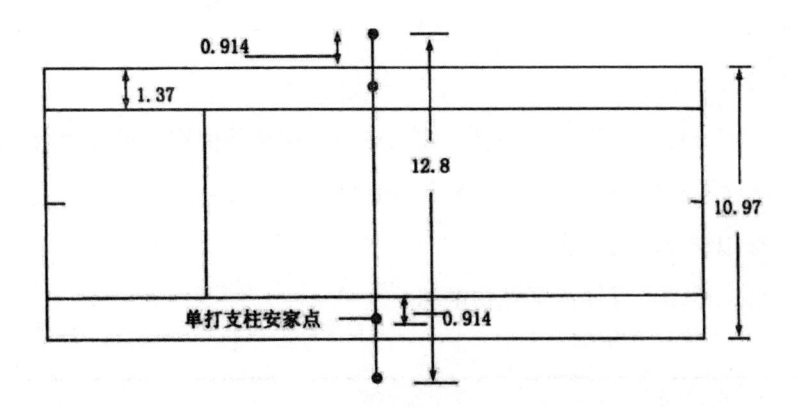

图 5-6 双打网球场地（单位：米）

2. 胜一盘

一方先胜 6 局为胜一盘。

（1）决胜局计分制

单打决胜局计分制必须在比赛之前宣布，才有效。

当局数比分为 6∶6 之后，第十三局为决胜局。决胜局采用先得七分并且净胜两分者胜该局及该盘。如果分数为 6∶6，则需一方再净胜两分为止。

决胜局全部采用数字计分制，第一分为 1，第二分为 2……第七分为 7。

该轮的发球员在右区发第一分球，然后由对方分别在左、右区发第二分及第三分球，此后轮流交替发球，每人连续发两分球，直至决出该局与该盘的胜负为止。

运动员应在每 6 分（或双方得分之和为 6 分）和 6 分的倍数（12、18、24……）及决胜局结束时，交换场地。

（2）长盘制

在局数成 5∶5 或 6∶6 之后，一方须再净胜 2 局，才算胜该盘。

3. 交换场地

双方在每盘第 1、3、5 等单数局结束后，以及每盘结束后双方局数之和为单数或决胜局比分之和为 6 分和 6 分的倍数时，交换场地。

4. 失分

当比赛中发生下列情况，均判失分：

（1）连续两次发球失误。

（2）在球第二次触地前未能击球过网。

（3）击球不过网。

（4）在活球状态下回击的球触及对方场区界线以外的地面、固定物或其他物件。

（5）过网击球。

（6）抛拍击球。

（7）在活球状态下任何时候，运动员身体、球拍、穿戴任何物品触及球网、网柱、单打支柱、网绳、钢丝绳、中心带或对方场区内的地面。

（8）故意用球拍触球超过一次。

（9）除球拍外，运动员身体或穿戴物触球。

思考题

1. 足球运动基本技术包括哪些内容？
2. 简述二过一配合常用方法。
3. 篮球运动基本技术包括哪些内容？
4. 快攻的组织形式和结构是什么？发动快攻的时机有哪些？
5. 试述篮球交叉步持球突破时，造成走步违例的原因。
6. 排球的技术包括哪些，各种技术如何应用？
7. 简述排球项目场地设施与要求。
8. 你喜欢的球类项目是什么？你经常参加这些运动吗？

第六章 传统与时尚体育运动训练

任务导入

运动训练是为提高某种机能、掌握某种技能而进行的反复练习的过程。它是体育运动的组成部分之一，不论是传统的体育运动还是时尚的体育运动，都离不开运动训练。在开展体育运动训练时，必须借助一定的科学方法。本章将对传统与时尚体育运动训练的科学方法进行深入研究。

学习大纲

1. 了解各种武术运动的基本知识和动作要领。
2. 选择一种适合你的武术运动来学习和锻炼。

第一节 武术运动训练

武术产生于古时人们的狩猎与战争活动之中，是人们对搏斗技艺以及搏斗经验进行总结的成果。在几千年的发展中，武术逐渐形成了自身独特的技术体系，并成为一项深受人们喜爱的体育运动项目。

一、武术运动基本动作的训练

武术的基本动作是武术中最基础的动作，只有学好这些基本动作，才有可能真正学好武术。武术的基本动作，包括以下几方面的内容。

（一）手型的训练

1. 拳的训练

拳的样式是五指卷紧，拇指压在食指、中指第二指节之上。拳分为拳面、拳背、拳眼、拳心、拳轮，拳心朝上（下）为平拳，拳眼朝上（下）为立拳。在训练时，要注意拳握紧、拳面平、直腕。

2. 掌的训练

掌的样式是四指并拢伸直，拇指弯曲紧扣于虎口处。掌分为掌指、掌背、掌心、掌根、掌外缘，手腕伸直为直掌，向拇指侧伸掌指朝上为立掌。在训练时，要保持掌心开展、竖指。

3. 勾的训练

勾的样式是五指的指尖捏拢在一起，分为勾尖与勾顶两部分。在训练时，要尽可能保持屈腕。

（二）步型的训练

1. 马步的训练

马步的样式是两脚左右开立约为脚长的 3 倍，脚尖要正对前方，同时膝盖弯曲呈半蹲姿势，大腿接近水平，两眼平视前方两手抱拳于腰间。在训练时，要注意保持头正、挺胸、直背、立腰、扣足。

2. 弓步的训练

弓步的样式是左脚向前一步至少约是脚 4 倍的距离，脚尖稍稍内扣，左腿膝盖弯曲呈半蹲姿势，大腿接近水平，膝与脚尖垂直；右腿挺膝伸直，右脚尖稍稍内扣并斜向右前方。同时，两脚都要脚掌着地，上体正对前方，两手抱拳于腰间，两眼向前平视，在训练时，要注意挺胸，立腰，前腿弓、后腿绷，同时前脚尖与后脚跟保持在一条直线上，并要左右脚交替进行。

3. 虚步的训练

虚步的样式是两眼平视前方，双手叉腰，两脚前后开立，一只脚的脚尖斜向前，同时膝盖弯曲呈半蹲姿势，大腿与地面接近水平；另一只脚提起前移一步，脚跟离地，脚面绷平，脚尖稍稍内扣并虚点地面，以使重心落在后腿上。在训练时，要注意挺胸、立腰、虚实分明，并要左右脚交替进行。

4. 仆步的训练

仆步的样式是双手在腰间抱拳，两脚左右开立，一条腿向相同一侧迈一大步呈屈膝全蹲的姿势，大腿与小腿紧紧靠在一起，臀部与小腿靠近，脚掌全部着地；另一条腿挺直平仆，脚尖稍稍内扣，脚掌全部着地。同时，两眼要向平视挺直腿的一侧。在训练时，要注意挺胸、塌腰、沉髋，并要左右交替进行。

5. 歇步的训练

歇步的样式是两眼平视前方，双手在腰间抱拳，两腿交叉屈膝全蹲，在上方的腿要保持脚掌全部着地，脚尖外展；在下方的腿的脚跟要离地，臀部外侧紧贴后小腿。在训练时，要注意挺胸、塌腰、两腿靠拢贴紧，并要交替进行。

6. 丁步的训练

丁步的样式是两手抱拳于腰间，两腿并拢呈半蹲姿势，一脚全脚着地支撑，另一只脚脚跟抬起，脚面绷直，脚尖稍内扣并虚点地面，与支撑脚内侧相靠。在训练时，要注意挺胸、立腰、虚实分明，并左右手脚交替进行。

（三）手法的训练

1. 冲拳的训练

两眼目视前方；两脚左右开立，两脚之间的距离大致等同于肩宽；两手握拳（拳心向上、肘尖向后）分别抱于腰侧；一拳从腰间旋臂向前快速冲出，转腰、顺肩，在肘关节过腰后右前臂内旋，力达拳面，另一拳的肘部向后牵拉。在训练时，要注意挺胸、收腹、拧腰、顺肩，出拳快速且有力，同时出拳一侧的手臂要伸直，并与肩膀保持水平。

2. 架拳的训练

两眼目视出拳的反方向；两脚左右开立，两脚之间的距离大致等同于肩宽；两手握拳（拳心向上、肘尖向后）抱于腰间，一拳向下、向侧面、向上经头前向出拳一侧上方划弧并在上方旋臂架起，注意臂微屈、拳眼向下。在训练时，要注意松肩、肘微屈、前臂内旋，并左右手交替进行。

3. 推掌的训练

两眼目视前方；两脚左右开立，两脚之间的距离大致等同于肩宽；两手握拳（拳心向上、肘尖向后）抱于腰间，一拳由腰间旋臂向前立掌推出。在训练时，要注意挺胸、收腹、拧腰、顺肩，出掌快速且有力，出掌的手臂伸直，力达掌外沿，并左右交替进行。

4. 亮掌的训练

两眼目视亮掌的反方向；两脚左右开立，两脚之间的距离大致等同于肩宽；两手握拳（拳心向上、肘尖向后）分别抱于腰侧；一拳变掌，由腰间向身体侧面、向上划弧至头上方，臂呈弧形，掌心向前，虎口朝下，头随手的动作转动。在训练时，要注意挺胸、收腹、立腰、抖腕，抖腕、亮掌与转头要同时完成，并左右手交替进行。

（四）步法的训练

1. 击步的训练

两眼向前平视；两脚左右开立，两脚之间的距离大致等同于肩宽；两手叉腰；上体稍前倾；后脚离地提起，前脚随即蹬地前纵，且后脚在空中时要向前碰击前脚；落地时后脚先落，前脚后落。在训练时，要注意上体在跳起时保持正直并侧对前方。

2. 垫步的训练

两眼向前平视；两脚左右开立，两脚之间的距离大致等同于肩宽；两手叉腰；后脚离地提起，脚掌向前脚处落步，前脚立即以脚掌蹬地向前上跳起，将位置让于后脚，接着屈膝提腿向前落步。在训练时，要注意上体在跳起时保持正直并侧对前方。

3. 弧形步的训练

两眼向前平视；两脚左右开立，两脚之间的距离大致等同于肩宽；两手叉腰；两腿略屈，两脚迅速连续向侧前方行步（每一步要与肩宽大致相同），走弧形路线。在训练时，要注意挺胸、塌腰、保持半蹲姿势和重心平稳，同时在落地时注意快速从脚跟转换为全脚掌，并要及时转腰。

（五）腿法的训练

1. 正踢腿的训练

两眼向前平视；两脚并立；两臂侧平举，两手呈立掌或握拳；一脚往前半步，同侧腿作为支撑，另一侧脚的脚尖勾起并向额前方猛踢。在训练时，要注意挺胸、收腹、立腰，踢腿后及时收髋并保持上体正直。左右腿要交替进行练习。

2. 侧踢腿的训练

两眼向前平视；两脚并立；两臂侧平举，两手呈立掌或握拳；一脚往前半步并保持脚尖外展，另一脚的脚跟稍稍提起，上体右转90度，脚跟稍稍提起一侧的手臂前伸，另一侧手臂后举；手臂前伸一侧脚的脚尖勾紧向耳朵一侧踢起，同时此侧手臂屈肘立掌于右肩前或垂于裆前，另一侧手臂则屈肘上举亮掌。在训练时，要注意挺胸、立腰、开髋、侧身、猛收腹。左右腿要交替进行练习。

3. 弹腿的训练

两眼向前平视；两腿并立；两手叉腰；一侧腿屈膝提起，要脚面绷直，保证大腿与腰在同一平面，在提膝接近水平时要迅速猛力挺膝、向前平踢，保持大腿和小腿成一条直线，并与腰保持相同的高度；另一侧腿伸直或微微弯曲作为支撑。在训练时，要注意挺胸、立腰、收髋、脚面绷直，向前平踢时快速且要有力。左右腿要交替进行练习。

4. 外摆腿的训练

两眼向前平视；两脚并立；两臂侧平举，两手呈立掌或握拳；一脚向侧前方，另一脚脚尖勾紧并向反侧的上方踢起，经面前向同侧上方外摆，直腿落下。在训练时，要注意挺胸、塌腰、松髋、展髋，外摆幅度尽可能是较大的扇形，并左右腿交替进行。

5. 侧踹腿的训练

两眼目视腿踹出的方向；两脚并立；两手叉腰；两腿左右交叉，一腿在前，稍屈膝，随即伸直支撑，另一腿屈膝提起，脚尖内扣，脚跟用力向侧上方踹出，高度要与肩大致平衡；上体向腿踹出的反方向倾斜。在训练时，注意挺膝、开髋、猛踹，脚外侧朝上，力达脚跟。

（六）平衡的训练

1. 提膝平衡的训练

一腿伸直支撑，另一腿屈膝高提近胸，脚面要绷直，垂扣在支撑腿前侧。支撑腿一侧的手臂上举于头上亮掌，另一手臂反臂后举成勾手。在训练时，要注意提膝平衡要挺胸、立腰、收腹。

2. 燕式平衡的训练

一腿支撑站稳，另一腿屈膝提起，两掌在胸前交叉，掌心向内。然后两掌向两侧直臂分开平举，上体前俯，脚面绷平向后上蹬。在训练时，要注意两腿伸直，上体前俯，挺胸、抬头、腰后屈。

3. 望月平衡的训练

一腿支撑站稳；两手左右分开上摆亮掌；上体侧倾拧腰向支撑腿同侧方上翻，挺胸塌腰；另一腿在身后向支撑腿的同侧方上举，小腿屈收，脚面绷平；两眼目视支撑腿方向。在训练时，要注意展髋、拧腰、抬头。

4. 扣腿平衡的训练

以左腿扣腿平衡为例，支撑腿屈膝半蹲；另一腿屈膝外展，脚尖绷平或勾起，踝关节紧扣于支撑腿的膝后腘窝处。在训练时，要注意挺胸、塌腰。

5. 仰身平衡的训练

以右腿仰身平衡为例，右腿做支撑腿伸直或稍屈站稳，上体后仰接近水平；另一腿伸直向体前上方举出，双臂分别向两侧平展。在训练时，要注意挺胸、抬头、脚面绷平。

二、武术运动基本功的训练

对于任何一项体育运动来说，只有练成了扎实的基本功，才能更好地掌握这项体育运动。因此，在进行武术运动训练时，不能忽略武术运动基本功的训练。而武术运动基本功的训练，可具体从以下几个方面着手。

（一）肩功的训练

通过肩功训练，可以使肩关节韧带的柔韧性得到大大增强，同时使肩关节的活动范围得到大大扩展。此外，肩功的训练还有助于臂部力量的增强，锻炼上肢的灵活性。一般而言，可通过以下几种方法进行肩功训练。

1. 压肩

面对肋木或一定高度的物体开步站立，与肩同宽或者略宽，两手抓握肋木，上体前俯下振压肩；也可两人面对面站立，互相扶按肩部，做体前屈振动压肩动作。在压肩时，要尽量向下压，压到最大限度后保持几秒，同时双人压肩时不可过于用力。

2. 转肩

两脚开步站立，两手握棍在体前，和肩同宽，然后上举绕至体后，再从体后向上绕至体前，往复一周。转肩时，身体保证挺立，转肩过程中两臂要保持伸直。另外，可根据自身实际情况对两手握棍的距离进行调节。

3. 仆步抡拍

仆步抡拍练习能有效提高习武者肩关节的灵活性和活动范围。在练习时，两脚开立，上体左转成左弓步，同时右掌向左前下方伸出，左掌心向里，插于右肘关节处；保持上动不停，上体右转成右弓步，同时右臂由左向上、向右抡至右上方，左掌下落至左下方；保持上动不停，上体右后转，同时右臂向下、向后抡臂划弧至后下方，左臂向上、向前抡至前上方；保持上动不停，上体左转成右仆步，同时右臂向上、向右、向下抡臂至右腿内侧拍地，左臂向下、向左抡臂停于左上方，目随右手。练习时要注意两臂伸直，向上抡臂贴近耳，向下抡臂贴近腿，以腰带臂完成整个抡拍动作。

（二）腰功的训练

在武术运动中，腰部的运用是很多的，因而要注意腰功的训练。进行腰功训练，最为主要的目的是增加腰部肌肉群的柔韧性及弹性，从而加大腰部的活动范围。在练习腰功时，可以采用以下几种方法。

1. 俯腰

俯腰有前俯腰和侧俯腰之分。练习前俯腰时，要两脚并步站立，两手交叉，直臂上举，手心向上，上体前俯，膝关节挺立，两掌心尽量贴地；也可两手松开，分别抱住两腿跟腱处，胸部尽量贴近腿部，持续片刻后再站立。整个练习过程中要注意两腿挺膝伸直，挺胸、塌腰、收髋、前折体。在练习侧俯腰时，两腿并步站立，两手的手指交叉，直臂上举，掌心朝上。上体左转向左侧下屈，两手掌心触地。持续片刻后再起身做另一侧。两腿挺膝伸直，两脚不能移动，上体尽量下屈。

2. 甩腰

开步站立，两臂上举，以腰、髋关节为轴，上体做前后屈动作，两臂也随着摆动。甩腰时，动作要快速、紧凑、富有弹性。

3. 涮腰

开步站立，以髋关节为轴，上体前俯，两臂向前下方伸出。之后以臂带腰做向前、向左、向后、向右翻转绕环。涮腰过程中以腰为轴，两脚固定不动，借助上体的前俯、后仰，两臂尽量向远端伸出，以增大绕环的幅度。

4. 下腰

两脚开立，与肩同宽，两臂伸直上举。腰向后弯，抬头、挺腰向上顶，两手撑地呈桥形。也可两手扶墙做下腰动作练习。弯腰后要求挺膝、挺髋，腰向上顶，脚跟不可离地。

（三）腿功的训练

进行腿功训练，对于增强腿部和髋关节的柔韧性、灵活性和协调性具有重要的作用。同时，腿功的训练有助于腿部力量的增强。一般而言，武术运动中的腿功训练可通过以下几种方式进行。

1. 压腿

压腿包括正压腿、侧压腿、后压腿、仆步压腿，下面只对其中的正压腿与侧压腿进行阐述。正压腿时，要面对肋木或一定高度的物体，并步站立。将左腿抬起，脚跟放在肋木上，脚尖勾紧，两手扶按在膝上。两腿伸直、立腰、收髋，上体前屈，向前下做振压运动。侧压腿时，要侧对肋木或一定高度的物体站立，用右腿支撑，脚尖向外展，左脚跟放在肋木上，脚尖勾紧，右臂上举，左掌附在右胸前，上体向左侧振压。练习过程中左右腿交替进行。后压腿时，背对肋木站立，上身挺直，然后左腿支撑，右腿后伸，将脚背放在与髋同高或稍高的物体上，脚面绷直，上体做后仰的压振动作。练习时，要注意支撑脚保持稳定，支撑腿伸直，尽量加大上体后仰幅度。仆步压腿时，两腿左右开立，右腿屈膝全蹲，全脚着地，左腿挺膝伸直，脚尖里扣；然后两手分别抓握两脚外侧，转成左仆步向下压振。接着右脚蹬地，左腿伸膝，重心左移，左膝弯曲，转成右仆步向下压振。练习时，要注意挺胸、塌腰、沉髋，使臀部尽量贴近地面，左右移动不要过快。

2. 扳腿

扳腿包括正扳腿、侧扳腿、后扳腿，这里只对正扳腿进行阐述。正扳腿时，右腿直立，左腿屈膝上提，右手握住左脚外侧，左手抱膝，之后右手握住左脚向上扳，同时左腿挺膝向前上方举起，左手压住左腿膝关节。

3. 劈叉

劈叉有横竖之分，横叉是两臂侧平举或在体前扶地，两腿左右分开成直线，脚内侧着地或者脚尖上翘，要求挺胸、立腰、展髋、挺膝；竖叉是两臂侧平举或扶地；两腿前后分开成直线，左腿后侧着地，脚尖朝上，右腿内侧或前侧着地，要求挺胸、立腰、沉髋、挺膝，两腿成一条直线。

4. 控腿

控腿包括前控腿、侧控腿、后控腿，这里主要分析一下前控腿的练习方法。

以左腿前控腿为例，右手扶肋木，侧向肋木并步站立，左手叉腰或侧平举。左腿屈膝前提，脚尖绷直或勾紧，慢慢向前上伸出，停留片刻再还原。训练时，要注意挺胸、立腰、支撑腿直立、站稳，尽量向前、向上控腿。

（四）桩功的训练

在武术运动的基本功中，桩功是较为独特的一项内容。它是通过静站对练习者的气息进行培养，并促使练习者的身体力量得到有效增强。在进行桩功训练时，可以采用以下几种方式。

1. 马步桩

两脚平行开立，约脚长的三倍。脚尖朝前，屈膝半蹲，大腿接近水平，全脚着地，身体的重心落在两腿之间。两臂微屈平举在胸前，掌心向下，目视前方。也可两手抱拳在腰间。马步桩要求挺胸、直背、塌腰，做深呼吸，静站的时间逐渐增加。

2. 虚步桩

两脚前后开立，右脚外展45度，屈膝半蹲，左脚脚跟提起，脚面绷直，脚尖稍微内扣，虚点地面，膝微屈，身体重心落在右腿上。两手抱拳在腰间，目视前方。

3. 升降桩

两脚平行开立，脚间距与肩同宽，两膝微屈，两肘稍屈，两手心向下，举于胸前，然后配合呼吸，做升、降动作。训练时，要注意头颈正直，沉肩垂肘，松腰敛臀，上体正直，同时升时配合吸气，小腹外凸；降时配合呼气，小腹内凹。

第二节　搏击运动训练

搏击运动包含的内容是十分丰富的，有散打、摔跤、跆拳道、空手道、自由搏击等。同时，每一种搏击运动都形成了自己独特的训练方法。这一节，将着重阐述散打运动的训练方法。散打运动是一种竞技搏击类体育项目，既是技术的较量，也是智慧与应变能力的较量。

一、散打运动基本动作的训练

（一）基本姿势的训练

散打基本姿势即实战前的准备姿势，又称"起势"或"格斗势"。只有基本姿势正确，才能在散打过程中有效地进行进攻和防守，并灵活地进行步法移动。

散打的基本姿势是由四部分内容构成的，即头部姿势、上肢姿势、躯干姿势和下肢姿势。同时，散打的基本姿势有左势和右势之分，左势就是左脚在前的姿势，右势就是右脚在前的姿势。这里以右势为例进行说明。

头部姿势：下颌内收，眼睛注视对方面部，并用余光兼顾对方全身的活动，牙齿合拢，用口鼻协同呼吸。

上肢姿势：右手握拳抬起，屈肘90～120度，拳高与右肩平，右肘下沉，拳心斜向下，左拳轻握置于下颌左侧，屈肘80～90度，左肘轻贴身体。

躯干姿势：头颈部正对前方，含胸、收腹、收臀，肩部放松，气沉于丹田，人体重心位于两脚中间。

下肢姿势：双脚前后开立，距离略宽于肩，两脚左右距离10～15厘米，右脚尖稍内扣，斜朝前方，脚前掌用力担负支撑，左足跟抬起约2厘米，前脚掌着地斜向前方，两膝微屈，左膝稍内扣，下肢肌肉保持一定紧张度即可，不可僵硬，以免造成过分紧张。

(二) 基本步法的训练

在散打中，步法的好坏将对散打技术的掌握与运用产生重要的影响。而且，只有掌握了基本步法，才能在实战中灵活地移动脚步，继而有效地进行攻击或躲避对方的攻击。

在散打运动中，基本的步法有滑步、垫步、环绕步和弹跳步。其中，滑步是散打中运用最多的步法，其最基本的技术原则是想移动到哪个方向，此方向的脚就要先移动，接着另一脚跟上；后动脚的移动距离要与前动脚的移动距离相同；后动脚的跟进要平稳且迅速。

垫步在散打运动中也经常被用到，有前垫步和后垫步之分。前垫步是右脚掌蹬离地面向前移动一步，左脚在右脚着地后向前移动一步，保持基本姿势不变；后垫步相反。垫步的基本技术原则是想移动到哪个方向，反方向的脚就要先动，接着另一脚迅速跟进。在这一过程中，要注意基本姿势应保持不变。

环绕步的技术要求是从基本姿势开始，右脚前脚掌蹬地，同时左脚借右脚蹬地之力向左滑动一小步，右脚随即向左滑动一大步，保持基本姿势不变，右脚向左滑动时不能超过左脚。

弹跳步的基本要领是：双脚前掌发力弹离地面，保持基本姿势向任何方向跳动，双脚可同时落地，也可稍前后落地。弹跳步要轻快，不能跳得过高。

(三) 基本拳法的训练

在散打运动中，出拳的速度、力度和方式等，对于能否有效地攻击对方有着重要的作用。因此，在进行散打运动训练时，必须包括拳法的训练。

散打运动中的拳法，主要有直拳、摆拳和勾拳。直拳又称"冲拳"，属于直线进攻拳法，行走的路线较短，是诸多拳法中最优秀的一种。它可直接攻击对手，也可在其他技法的掩护下出击，还可在后退中出击。此外，在散打运动中，直拳还能够对对手的视线进行扰乱，继而用腿和其他技法对其进行攻击。直拳有左右之分，以左直拳为例，它的训练是左脚在前，实战步。前脚掌蹬地，身体稍左转，重心稍前移，左拳向前击出，右拳放于下颌外侧待发，随即，拳顺原路收回成实战步。

摆拳又称"撞拳"，是从两侧对对手进行攻击，因而属于弧线进攻拳法。这种拳法有较大的攻击力量，而且击得较远。同时，它能直接攻击对手面部，也能在直拳和其他技法的掩护下进攻，还能在退步中或乱战中发拳。摆拳有左右之分，以左摆拳为例，它的训练是左脚在前，实战步。上体微向右转，同时左拳向外、向前、向里横摆，臂微屈，拳心朝下，力达拳面或偏于拳眼侧，右拳护于右腮，目视前方。

勾拳又称"抄拳"，是一种有较大击打力量的拳法，可以直接击打对方腹部或面部。这种拳法可直接攻击对方，也可以配合摆拳、蹬腿、弹腿、防守动作出击，还可防对手近身施摔，并在虚摔的掩护下出击。勾拳有左右之分，以左勾拳为例，它的训练是左脚在前，实战步。身体右转，重心略下沉，同时左脚掌蹬地，脚跟外转，向右上挺髋，左拳借此力向右上出击，肘弯曲90~110度，拳心朝里，力达拳面，目视前方。

（四）基本腿法的训练

在散打运动中，腿部是运动较多的一个部位，而且腿法在实战中的运用也较多。散打运动中的腿法，主要有蹬腿、踹腿和鞭腿。

蹬腿是用脚底部位向前直线蹬出，动作略同直拳，具有较大的杀伤力，在实战中实用价值很高。蹬腿低可击腿，高可蹬面，能向四面八方蹬。蹬腿的训练，以左正蹬为例，左脚在前，实战步，右腿直立或稍屈，左腿提膝抬起，大腿尽量靠近胸腹部位，脚尖勾起，脚底向前蹬出，同时上体稍后仰，力达脚前掌。

踹腿是比赛中使用率较高的腿法之一，它直线运动，速度快、力量大，不易防守，而且配合步法运用，变化多，易于在不同距离上使用。踹腿的训练，以左踹腿为例，左脚在前，实战步。右腿直立或稍屈支撑；左腿屈膝抬起，小腿外摆，脚尖勾起，脚掌正对攻击目标，展髋，挺膝向前踹出，力达脚掌，上体可侧倾。

鞭腿又称"边腿"，是从旁边攻击对方。鞭腿在实战中使用价值最高，它出收腿速度快，进攻力量、高低随意，因而被运用得非常多。鞭腿的训练，以左鞭腿为例，左腿在前，实战步。右腿直立或稍屈支撑，上体稍向右侧倾；同时左腿屈膝向左侧摆起，扣膝，绷脚背，随即挺膝向前弹踢小腿，力达脚背至小腿下端。

（五）肘击法的训练

在散打运动中，肘击法有着十分大的威力。同时，散打运动中的肘击法主要有两种：一种是顶肘，另一种是盘肘。顶肘是使用肘尖顶击对手，它分上、中、下三层次，也就是上顶面、中顶胸、下顶腹，前后左右都可以运用顶肘。平顶肘动作过程：从基本姿势开始，左脚前进一步，同时左肘向前平顶，右掌猛推左拳，力达肘尖，目视攻击目标。盘肘是从侧面攻击对手，呈弧线形进攻的肘法，它进攻有力，多数攻击对方的肋和腹部。盘肘的动作过程：从基本姿势开始，左脚向前一步，同时左前臂内旋，上体向右猛转体，屈肘时用前臂外侧向前横打，目视对方，也可以向左右侧上部，同时使用盘肘。

（六）膝击法的训练

膝盖是一个较为坚硬的部分，运用它进行攻击也会产生较大的进攻力量。因此在散打运动中，膝盖的运用也是很多的。而且，在近距离拳、肘乱战中突然使用顶膝，会使对手猝不及防，继而获得制伏对手的重要时机。

散打运动中的膝击法主要有顶膝（屈膝由下向上顶击对方身体，力达膝尖）、冲膝（屈膝向前冲撞对方身体，力达膝前部）、侧顶膝（屈膝由外向内顶击对方身体，力达膝尖或膝后部）、横撞膝（屈膝由外向内撞击对方身体，力达膝内侧）。

（七）摔法的训练

摔法，也称跌法，因其在比赛中2秒内摔倒对手才得分，所以习惯上称为快摔。快摔技术的合理运用，是得分取胜的有效手段，同时也给对手在精神上造成很大压力，并能极大消耗对手的体力，快摔是中国散打的特点。

散打运动中的摔法，主要有抱腿别腿摔、接腿勾腿摔、接腿上托摔、接腿涮摔、格挡搂推摔。其中，抱腿别腿摔是当对方用左边腿对自己的上体进行攻击时，就要迅速向对方靠近，用右手从上抓其左脚腕，并屈左臂用肘窝夹住其左膝窝，随即躬身用左手由裆下穿，用左手掌扣住其右膝窝，右手往右后扳拉其左脚腕。身体右后转，同时下降重心，右手继续向右后扳拉。力偶指大小相等、方向相反、作用线不在同一直线上的一对力。力偶对物体产生转动效应，迫使对方瞬间失去重心而倒地。接腿勾腿摔是当对方用右侧弹腿踢击时，左手抄抱其小腿，右手由对方右肩上穿过，下压其颈部；同时左手上抬，右脚向前上方踢其支撑腿将对方摔倒。接腿勾腿摔要点是拨颈、勾踢协调有力。接腿上托摔是当对方用右正蹬腿踢击时，两手抓握其小腿下端，随即屈臂上抬。两手挟托其脚后，同时上右步，向前上方推展将其摔倒。接腿上托摔要点是抓脚准，托推动作连贯一致。接腿涮摔是当对方用右侧弹腿踢击时，双手抓握对方右脚，双手向左拉其右脚，随即向下，向右上方呈弧形摆荡将其摔出。接腿涮摔要点是抓握要准确、牢固，右拉和弧形摆荡动作要连贯、有力。格挡搂推摔是对方左脚在前，用左冲拳或掼拳向你头部击来。你用右手臂上架来拳，并屈臂顺势向右后经由对方左臂外侧由上往下滑动，用力卡住其左臂。上左腿，右手下滑至对方左大腿时，向回按扒，同时用左手猛推对方左胸部，使其失去重心倒地。

二、散打运动组合动作的训练

（一）左冲拳—左踹腿的训练

双方由实战姿势开始，一方疾步以左冲拳击打对方面部，随后直接以左踹腿踢击对方腹部。在运用这一技术组合时，要求出拳要快，左踹腿可以向前，也可以向身体右侧踹击，以防对方后退改变路线。

（二）右踹腿—左右冲拳的训练

双方由实战姿势开始，一方垫步以右踹腿踢击对方腹部，随后直接以左右冲拳连击对方面部。在运用这一技术组合时，要求出腿要快，在右脚落地的同时出拳。

（三）左踹腿—右踹腿的训练

双方由实战姿势开始，一方滑步以左踹腿踢击对方腹部，随后左脚落地，直接以右踹腿踢击对方的胸、头部。在运用这一技术组合时，要求第一腿踹完后，身体重心快速向左转移，以便起动右踹腿。

（四）左侧弹腿—左右冲拳—左踹腿的训练

双方由实战姿势开始，一方垫步以左弹腿踢击对方腿部，随后直接以左右冲拳，连击对方面部，然后垫步以左踹腿踢击对方胸头部。在运用这一技术组合时，要求前三个进攻动作主要是打点，不一定力度很大，主要以左踹腿击打对方。

（五）左冲拳—抱腿前顶摔的训练

双方由实战姿势开始，一方疾步以左冲拳击打对方面部，随后进步抱住对方双腿，以抱腿前顶摔将对方摔倒。在运用这一技术组合时，要求出拳要快；进步抱腿时，身体下潜要快。

三、散打运动动作训练的常用方法

在进行散打运动的动作训练时，可以借助以下几种方法。

（一）单个技术练习法

单个技术练习法就是在对动作要领了解与熟悉之后，以其为依据进行单个动作练习。这种练习方法重点要求体会动作的要领和细部环节，提高单个技术的水平，逐渐形成正确的动力定型。

（二）组合技术练习法

组合技术是散打技术训练的重点内容。在熟练掌握单个技术动作后，就要过渡到组合技术训练阶段。这一阶段的主要任务就是把进攻和防守中的某几种方法编串起来反复练习，促进练习者对散打技术运动规律的认识，以提高组合技术运用的协调能力。

在组合技术练习过程中，同样包含两个内容：第一，进行固定组合技术的练习，即把散打技术中常用的、有规律的一些组合技术提取出来进行单独、反复的练习，使练习者掌握基本的组合技术，熟知技术运用规律，锻炼练习者的机体协调性等。第二，进行随机组合技术练习，它是组合技术训练的高级阶段。这一阶段必须配合练习者的意识，通过假设中的对手，运用随机的组合技术进行想象中的攻防练习，以提高攻防意识及技术运用的能力。

（三）攻防练习法

散打技术训练中的攻防练习法有不接触式攻防练习法和接触式攻防练习法两种。

1. 不接触式攻防练习法

不接触式攻防练习法就是在双方肢体不接触的前提下，两人一组进行攻防练习，目的是提高对对方攻防动作的判断和及时做出相应动作反应的能力。

2. 接触式攻防练习法

接触式攻防练习法就是在双方肢体接触的前提下，一人进攻，一人防守。在练习的初始阶段，可规定进攻方用简单的单个技术进攻，防守方反复练习基本的防守技术，这一阶段一般采用原地练习的方式进行；随着练习者的反应能力、技术运用合理性等方面的不断提高，逐渐过渡到组合技术进攻，循序渐进地提高练习者的反应能力、技术运用的合理性等各方面的能力，这一阶段主要通过结合步法，在不断运动的状态中进行。

（四）实战练习法

实战是双方在紧张、激烈和瞬息万变的情况下运用方法，提高技术。实战是检验和提高技战术的最重要的训练方法,是完全按照比赛的规定和要求进行的练习,是总结、积累实战经验的有效措施,其对抗激烈,真实性强,是散打训练的高级阶段。

第三节 街舞运动训练

街舞原是一种民间舞蹈,现已演变成融舞蹈、音乐、时装于一体的一种新概念的文化形式。由于这种舞蹈出现在街头,不拘泥场地和表现形式,每个人都可以自由、放松地按照自己喜欢的方式移动身体,又具有极强的表演性和参与性,因而深受现代年轻人的喜爱,并迅速流传开来。

一、街舞运动基本动作的训练

街舞的基本动作是街舞的核心,只要掌握好这些基本动作,便能以此为基础创编出各种各样风格的街舞。概括来说,街舞的基本动作可以分为上肢动作、下肢动作和躯干动作。

(一)上肢动作的训练

上肢动作包括手臂的摆动、举、屈伸、环绕、波浪等,并涉及对称动作、不对称动作、单手动作、双手动作等内容。在练习上肢动作时,要注意和身体的弹动配合起来,做到协调统一,活泼而有动感。

(二)下肢动作的训练

下肢动作主要指的是步法,包括踏步、侧向踏步、侧滑步、开合步、交叉步和前侧点步。在练习踏步时,要一腿屈膝抬脚,上体收腹向下压;在练习侧向踏步时,要一腿屈膝抬脚,上体收腹向下压,接着向同侧落腿,同时上体展腹抬起;在练习侧滑步时,要一腿向同侧跃出一步,双臂自然打开,同时另一腿向反方向跟步侧滑,并原地踏步一次;在练习开合步时,要双腿向外跳成分腿屈膝,然后向内跳成合腿;在练习交叉步时,以右腿交叉步为例,右腿向右侧踏步一次,左腿踏步落在右腿后侧,右腿继续向右侧踏步一次,提左膝,同时前压上体,然后并步落地;在练习前侧点步时,一脚前点,同时双臂体前直臂交叉,接着侧点同时双臂向侧打开。

(三) 肢体动作的训练

肢体动作包括的内容是很多的,这里着重介绍以下几个肢体动作。

第一,头转。用头转,训练时要注意用手和脚去配合旋转。

第二,绕肘。训练时右臂肘关节由内向外绕 360 度至右臂侧平举；左臂肘关节由内向外绕 360 度至左臂侧平举。

第三,顶肩。以顶右肩的训练来说,要右手半握拳,右臂屈肘,随右肩自然摆动,左臂自然下垂,五指自然分开。

第四,含展胸。训练时两腿并立,一腿向同侧一步,重心在两腿之间,同时做展胸动作,接着另一腿与侧步腿并拢,同时做含胸动作。

第五,单臂分腿转。训练要是依靠手臂转换完成,一手做圆形的动作而不运用身体的力量,另一只手再做同样的动作。

第六,膝关节弹动。训练时要两腿并立,膝关节自然屈伸,两臂于体侧自然下垂。

第七,扣膝转踝。以右扣膝转踝来说,训练时要右腿向右侧一步,膝关节向外转,脚跟顶起向内转动,同时右前臂外旋；右脚跟向外转动,膝向内扣,同时右前臂内旋。

第八,倒立手转。训练时用一只手倒立,尽可能地旋转直到脚着地为止。

第九,手掌分腿平衡。训练时大腿放在背后,膝盖放在肩膀或靠近耳朵的位置,小腿在前面,用手或脚或是两者使身体平衡。

二、街舞运动拓展动作的训练

街舞运动的拓展动作是在基本动作的基础上形成的,掌握了拓展动作,可以使街舞变得更加多样化。

(一) 侧屈体单臂支撑的训练

上体前倒,双手撑地,一腿弯曲蹬地,另一腿后上摆；当摆动腿摆至与地面垂直时,蹬地腿上摆倒立,然后推右手,右腿伸直侧落,左腿后屈,或两腿侧落,身体右侧屈,使身体重心落在左手上。在训练这一动作时,要特别注意以下几个方面。

第一,蹬摆腿的力量要适当。

第二,在推手时要注意迅速将重心转移到支撑臂上。

第三,在双手撑地时要注意含胸顶肩。

第四，在倒立时要注意顶肩、立腰。

（二）手倒立的训练

上体前倒，双手撑地，一腿蹬地另一腿上摆，当摆动腿摆至与地面垂直时，蹬地腿上摆成倒立或屈膝倒立，含胸、顶肩、立腰，身体重心落在两手上。在训练这一动作时，需要注意的事项与侧屈体单臂支撑训练需要注意的事项相同。

（三）无限头转的训练

固定腰部，使身体以垂直的角度转动。在训练这一动作时，以下三个方面要特别予以注意。

第一，要保持好身体的重心，并注意在转动的过程中不断寻找重心。

第二，在不断增加回转圈数的同时要注意速度。

第三，在重心稳定时要注意同时放开双手。

（四）单腿全旋的训练

以右腿全旋为例，训练时要左腿全蹲，右腿侧伸开始，右腿沿地面经前向左绕跃，同时上体在两手支撑作用下，向左、右侧依次移动，并使右、左手离地让右腿绕过再撑；右腿绕至左脚时，左脚蹬地稍提臀腾空，让右腿迅速绕过至右侧方，回到开始姿势。在训练这一动作时，以下两个方面要特别注意。

第一，绕腿时，必须与上体重心移动相配合。

第二，右腿绕至左脚时，身体重心要前移。

（五）风车的训练

左手靠近身体左侧撑地，左肘内夹靠住腰侧，右手在前撑地，两脚大分腿；左脚蹬地抬起，往右斜下方用力摆腿，同时左手放开，身体由左侧倒，沿着手臂至背部顺序着地，腰部稍抬起，两腿依次摆动，带动身体转动成俯卧；双手迅速撑地，使身体撑成开始姿势，然后再按照同样的步骤重复进行。在训练这一动作时，以下几个方面要特别注意。

第一，起步时脚要用力摆，手放开的时机要得当。

第二，转动风车时要大分腿。

第三，转动过程中尽量不要用脚碰触地面。

（六）托马斯的训练

双脚张开呈大字形，然后左手伸直撑地。左脚用力往右脚脚跟的方向扫，右脚朝头的方向用力踢高，与此同时左脚也必须往头的方向用力踢高，使两只手撑着地面，双脚腾空，腰往前挺直，然后左脚继续保持在空中，右脚往斜后方拉回原来右脚起步的方向，左手远离地面仅剩右手撑住整个身体。在训练这一动作时，以下三个方面要特别注意。

第一，脚扫动的力量和腰力要够大。

第二，脚要有画圆的感觉。

第三，要把握好换手的时机。

第四节 形体训练

形体训练是一项以人体科学理论为基础的优美、高雅的健身项目，也是一种将健身、塑形、美体、矫正身体形态缺陷、培养气质融为一体的科学训练方法。它起源于芭蕾、舞蹈、体操的基本功训练，简单易行，适用性强。

一、形体基本姿态的训练

（一）基本站姿的训练

在形体训练中，站姿训练是最为基础的一项训练内容，对于练习者保持良好的身体形态具有重要的作用。

要使一个人形成优美的站姿，可以借助于靠墙立和分腿立这两种有效的方法进行训练。其中，靠墙立是在立正姿态的基础上，双腿夹紧，收腹，挺胸立腰，立背，紧臀，双肩后张下沉，下颌略回收，头向上顶，脚跟、腿、臀、肩胛骨和头紧靠墙；分腿立是两腿在小八字立的基础上分开与肩同宽，双手叉腰，双肘微向前扣，收腹，挺胸，立腰，立背，双肩后张下沉。

（二）基本坐姿的训练

良好的坐姿对于保持健美的形体具有重要的作用，因而在进行形体训练时不能忽略坐姿训练这一重要的内容。

要使一个人形成良好的坐姿，可以借助于以下几种方法。

第一，盘腿坐（地面），即重心落在臀部上，挺胸收腹，立腰提气，肋骨上提，头颈向上伸，微收下颌，两腿弯曲，两脚脚心相对盘于腹前，双肘放松，手腕搭于膝上，也可双手背于身后。

第二，正步坐，即上体姿势同盘腿坐，两脚并拢，脚尖正对前方，两膝稍稍分开，两臂自然弯曲，两手自然扶于大腿处，上体正直，微向前倾，肩放松下沉，立腰，头、肩、臀应在一条线上。

第三，侧坐，即上体姿势同盘腿坐，上体微向侧转，两臂自然放松，扶于腿处。两腿弯曲并拢，双膝稍移向一边，靠外侧的脚略放在前面，这样臀部和大腿看起来比较苗条，给人以美的感觉。

（三）基本步态的训练

这里所说的基本步态，也就是人行走时的姿态。在人们的周期性位移运动中，行走是一种最为频繁且最为自然的运动。

在步态的影响因素中，除了颈、肩、腰、四肢等姿势外，脚踝也是不容忽视的一个。对于人体来说，脚踝具有十分重要的作用，包括支撑身体、维持身体平衡等。因此，在进行基本步态的训练时，要重视对脚踝的训练，不断提高脚踝的灵活性、增强脚踝的力量。具体来说，可借助于以下几个方面对脚踝的力量和灵活性进行训练。

第一，光脚在椅子上端坐，用脚趾将地上的小卵石或笔夹起来，并抛向远处。左右脚要交替进行。

第二，保持站立姿势，将两脚脚尖用力踮起，同时伸直膝关节，并将脚后跟提起到自己的最大承受限度，接着脚跟下落还原。通常而言，一次要做 25~30 个。

第三，保持站立姿势，双手叉腰，用足尖、足跟、足外侧交替行走。在这一过程中，必须伸直膝关节，而且每一个动作都需要走 5 米左右。

第四，坐在地上，保持双手撑地、上身挺直、双腿伸直并靠拢，用脚背屈伸。

第五，坐在地上，保持双手撑地、上身挺直、双腿伸直并靠拢，让两脚由内向外或由外向内绕环。在这一过程中，要注意不断加大脚踝的幅度。

第六，平衡感的训练。这一训练有助于在走路时保持背部挺直、上身稳定。在具体训练时，可将一个小布垫放在头顶，眼睛则向前方目视。

第七，修正线条训练。在具体训练时，要在地上放一条宽约 5 厘米的长带，先踏出一步，注意只有脚跟内侧才可以碰到带子，接着让大脚趾像踩在带子上一样着地。另外一脚也以同样的方法踏出，必须记住只能踏到带子边缘，使双脚呈倒八字形，以脚掌内侧接触带子。在这一过程中，必须避免翘着臀部走路。

二、形体各部位的训练

（一）手脚部的训练

1. 手部的训练

在形体训练的手部训练中，最常用到的方法是芭蕾手位训练法。芭蕾手位的具体训练内容是：手一位，即两臂弧形下垂于体前，手指相对，头右斜上45度；手二位，即两臂弧形前平举略低于肩，手心相对；手三位，即两臂弧形上举，手心相对，头右斜上45度；手四位，即一臂弧形上举，一臂弧形前平举；手五位，即一臂弧形上举，一臂弧形侧举，肘关节向后，手心向前，头右转；手六位，即一臂弧形侧举肘关节向后，手心向前，一臂弧形前平举；手七位，即二臂弧形侧举，肘关节向后，手心向前，头左转。

2. 脚部的训练

在形体训练的脚部训练中，最常用到的方法是芭蕾脚位训练法。芭蕾脚位的具体训练内容是：预备姿态，即保持挺胸、立腰、立背形态。双腿伸直，以左脚为基础脚，重心在两脚上；脚一位，即脚跟并拢，两脚成一横线；脚二位，即右脚擦地右移，两脚跟相距一脚；脚三位，即右脚向左移至右脚跟对左脚心处，脚跟并拢；脚四位，即右脚前移，两脚平行，相距一脚；脚五位，即右脚后移，两脚平行并拢，右脚跟对左脚尖。

（二）颈肩部的训练

1. 颈部的训练

进行颈部训练，能有效促进头部的血液循环，改善头部的营养供应，从而及时缓解脑部疲劳。同时，颈部训练有助于颈椎的正常发育，并使颈部的肌肉力量增强。

在进行颈部训练时，可以采用这样的方法：两脚分开站立，双手交叉握于头后。用力将头慢慢拉向前屈，至最大限度；然后头后仰，同时双手用力前拉，头对抗后仰；重复8~12次。

2. 肩部的训练

肩部训练可以促进胸部肌肉和骨骼的活动，促进上体的血液循环，增强胸部肌肉群的力量和柔韧，使肩背部外形健美。

在进行肩部训练时，可以采用这样的方法：两脚分开站立，两臂垂于体侧，两手握拳。屈膝半蹲，同时两臂侧举与肩平，然后还原，重复20~25次。

（三）胸腹部的训练

1. 胸部的训练

对胸部进行训练，既能够使胸部肌肉的体积增大、血液循环加快，也能使胸廓变得更加优美。对于女性来说，经常进行胸部训练，还能促进乳房发育、预防乳房下垂，从而使胸部保持良好的形态。

在进行胸部训练时，可以采用两种方法：一种是两脚分开站立，两臂胸前平屈，掌心向下。屈臂振肩扩胸，还原；再直臂振肩扩胸，还原成预备姿势，重复20~25次。另一种是两臂自然下垂于体侧，上体正直，胸部向后挺出，拱背，含胸低头，两臂前举，目视前斜下方，还原，重复20次。

2. 腹部的训练

通过训练腹部，可以使腹部的肌肉力量增强、腹部的脂肪减少，并有效预防腹部肌肉松弛，从而使身体保持优美的曲线。

在进行腹部训练时，可以采用三种方法：第一，屈腿提膝坐，两手扶膝，头部抬起；保持头部抬起，两腿伸直上举，两手臂后摆并手掌撑地；还原，重复16~20次。第二，仰卧，两臂伸直于体侧；两腿伸直，在空中做交叉动作；重复25~30次。第三，仰卧，双腿并拢伸直，双手扶头后；收腹抬上体，同时向右转体90度，屈右小腿与地面平行，左肘对右膝关节；控制1秒，还原；重复20~25次。

（四）腰背部的训练

训练腰背部，可以使腰背部的肌肉发达，并形成优美的背部线条曲线。另外，腰背部的训练还能有效预防腰背部的一些不良问题，如腰椎前突、胸椎后突、肩胛下垂、脊柱不良弯曲等。

在进行腰背部训练时，可以采用两种方法：一种是双人练习，练习者俯卧，双手臂向后伸出；协助者分腿立于练习者双腿两侧，双手与练习者相互拉紧。协助者用力拉起练习者，使其上体离开地面呈最大反背弓；然后将练习者轻轻放回俯卧位置；两人互换练习；重复10~25次。另一种是双人练习，练习者双脚并拢，右手上举，侧对协助者站立；协助者面对练习者左侧站立，右手拉住练习者右手，左手拉住练习者左手，以右脚抵练习者双脚。练习者左侧屈至最大限度，不低头；协助者左腿弯曲，右腿伸直抵住练习者双脚，双手拉住练习者双手，控制2~5秒，还原；两人互换练习，重复10~15次。

（五）臀部的训练

通过对臀部的训练，既可以使臀部肌肉的弹性得到大大增强，也可以使髋关节的灵活性得到大大提高，还能有效预防或减少臀部脂肪的堆积，使臀部保持优美的形态。

在进行臀部训练时，可以采用三种方法：第一，仰卧，屈膝分腿与肩同宽，两臂置于体侧；两腿蹬伸，向上挺髋，臀部肌肉用力收缩，控制2秒；臀部落地，还原成预备姿势；重复30~35次。第二，双臂支撑地面，左腿屈膝后踢，抬头挺胸；两腿交替进行；重复20~25次。第三，跪撑，低头，右脚背点地。两臂伸直，抬头的同时右腿用力向右侧踢腿；还原；两腿交换做；重复20~25次。

（六）腿部的训练

通过对腿部的训练，可以使腿部弹跳力量得到有效增加，并拉长腿部肌肉的韧带，使腿部关节的灵活性和柔韧性大大增加。同时，腿部训练能够削减腿部脂肪堆积，防止大腿肌肉萎缩，预防小腿弯曲，从而使腿部呈现优美的曲线。

在进行腿部训练时，可以采用两种方法：一种是直角坐，两臂体侧撑地，挺胸立腰，两腿并拢，脚尖绷直。足背屈，足趾张开；足背伸，还原；重复20~30次。另一种是仰卧，一腿伸直上举，另一腿屈膝点地。上举腿以踝关节为轴，在空中沿顺时针和逆时针方向依次划圆；还原；两腿交换做；重复10~15次。

思考题

1. 武术的基本手型有哪些？
2. 搏击运动特点是什么？
3. 街舞运动基本技能。
4. 简述形体训练包括哪些方面的训练。

第七章 其他休闲运动训练

任务导入

休闲运动（LEISURE SPORTS）是一种以休闲为目的的体育活动。它是在现代社会快节奏的工作和生活环境下，人们利用闲暇时间，主动地随意地体验各种以身体活动为基础的一种娱乐、健身的过程，是身体放松必不可少的一种运动。休闲运动是健康的体育运动与浪漫的文化追求相结合的一种休闲方式，是人们在余暇时间里，通过多种多样具有一定文化品位的运动，达到健身、娱乐、交往、自我实现等目的，进而满足个人身心发展需要的一种活动方式。休闲运动不仅能缓解压力，松弛过分紧张的情绪，更能张扬个性，追求品位与情趣，因此逐渐被人们接受和喜爱，成为人们文化生活的重要组成部分。

学习大纲

1. 学习与掌握冰雪运动的特点与方法。
2. 了解山地运动的过程与注意事项。
3. 学习与掌握野外生存的各方面技能。

第一节 冰雪运动

一、滑冰运动

（一）滑冰运动概述

1. 速度滑冰运动

速度滑冰是指在规定距离内以竞速为目的的滑冰比赛，是一种以冰刀为用具在冰上进行的竞速运动，是冰上运动项目之一。速度滑冰是冰上运动的源头，冰上运动的其他项目都是在速度滑冰的基础上产生和发展起来的。

2. 花样滑冰运动

早在新石器时期，人类为了生产和生活的需要，用兽骨制成冰刀作为狩猎和生活中必备的交通工具。后来，人们用兽骨制成绑式冰鞋在冰上活动，随着人类社会的发展，逐步分化出以游戏和娱乐为主的冰上活动，即花样滑冰的雏形。

（二）滑冰运动基本技术

1. 速度滑冰基本技术

（1）起跑技术

①起跑姿势

按运动员站立姿势，起跑姿势可分为正面起跑（正面点冰式起跑、丁字式起跑、蛙式起跑）和侧面起跑（两刀平行与起跑线成一定角度的侧向站立的起跑）；按运动项目距离，起跑姿势可分为短距离起跑和长距离起跑。起跑技术各部分动作技术如下。

A. 正面点冰式起跑

"各就位"口令下达后，前脚冰刀与起跑线约成45度角，刀尖切入冰面，刀跟抬起保持稳定不动；后刀用平刃或内刃置于冰面，两刀间距略大于髋，两刀开角在90~120度，后刀刃应牢牢咬住冰面，以便起动时后脚冰刀快速发力；上体直立，两臂自然下垂，目视前方，体重大部分落在后腿上。

"预备"口令下达后，屈膝屈髋，降低身体重心，体重大部分移至前脚冰刀；重心前移，要做到肩超过前脚刀尖并位于前膝上方，前膝蹲曲角约为90度，后膝约为110度；头部与整个身体成直线，目视前方跑道；后臂微屈肘（90~110度）并后举与肩齐平或略高于肩，前臂屈肘约成90度角，置于膝盖上方，两手半握。

保持上述动作静止不动两秒以上，鸣枪之前不改变动作。

B. 丁字式起跑

起跑方法与点冰式起跑基本相同，不同的是：丁字式起跑两冰刀是以平刃在冰上支撑站立，重心位于两冰刀中间，即体重较均匀地置于两腿；丁字起跑的"预备"姿势，身体重心略有前移，但不能将体重大部分移至前脚冰刀，以免冰刀滑动。

②起动技术

起动是起跑的第一步，是指浮腿向前摆动迅速跨出着冰、后腿快速用力蹬离冰面的技术。具体技术方法：迅速向前上摆动浮腿，并使前脚冰刀尽量外转；身体重心前移，成前冲姿势，快速用力蹬直后腿，身体向前"弹出"，在后腿蹬直瞬间，两刀抬离冰面，身体有个腾空阶段；两臂配合腿的蹬踏动作，屈肘做小幅度快速摆臂；髋随重心移动而前送，外转的前脚冰刀以内刃踏切动作迅速着冰，并使刀跟落于前进方向的中线上；采用蛙式起跑，两手迅速撑离冰面，两腿同时用力蹬冰，并快速前摆浮腿。浮脚冰刀无须做外转动作。

（2）直道滑跑技术

①滑跑姿势

滑跑姿势对于发挥技术、减少阻力、增加推进力并持续长时间的紧张工作有着重要作用。合理、正确的滑跑姿势可以使滑冰者保持最大用力能力、最大限度地减少滑跑中的阻力、快速地行进。

直道滑跑上体放松成背弓的流线型姿势。上体应倾至几乎与冰面平行或肩背略高于臀部，与冰面形成10~25度角，上体要充分放松，团身，两肩下垂，力求接近流线型。头部微抬起，目视前方10~20米。腿部成低姿势，即大腿深屈，膝关节角度约90~110度，踝关节角度在55~75度，髋关节角度屈至45~50度，并使身体重心线（是通过身体重心的假设线）从后背下部穿过大腿，经过膝盖后与脚的中后部相接。

②自由滑行

自由滑行是指蹬冰脚冰刀蹬离冰面后，另一腿借助前次蹬冰惯性，在冰上支撑滑行至该腿开始蹬冰前的滑行过程。

自由滑行技术方法：滑冰者的支撑腿冰刀由外刃过渡到平刃支撑；鼻、膝、刀成三点一线的滑行姿势；身体重心放在冰刀中后部的上方；两肩保持平稳，上体朝着滑行方向稍倾斜；保持基本滑跑姿势，不得上下起伏。

③收腿动作

收腿动作是与自由滑行动作同步的协调动作。收腿动作技术方法：起于蹬冰腿结束蹬冰变为浮腿开始收腿；利用蹬冰腿蹬冰结束的反弹力以及内收肌群收缩，将冰刀抬离冰面，完成收腿还原动作；浮腿屈膝放松，并以大腿带动，以最短路线直接内收至身体的矢状面；结束收腿时，浮腿大小腿与支撑腿靠拢，膝盖低垂，冰刀垂直于冰面；最后止于浮腿收至身体重心下方的矢状面。

④单支撑蹬冰动作

单支撑蹬冰动作的分界时机是从开始横向移重心起，到浮腿冰刀着冰止。单支撑蹬冰动作技术方法具体如下。

A. 准确的蹬冰时机。准确适时地移动重心是非常重要的，身体总重心沿横向开始移动，浮腿从支撑腿后位开始向前摆动，身体失去平衡做积极"倾倒"压冰。

B. 牢固的蹬冰支点和侧蹬方向。冰刀以内刃切入冰面，刀尖指向滑行方向，形成牢固的支点并随身体重心横向移动，将全身力量集中地作用到冰面，向侧推蹬，产生强而有力的推进力。

C. 用刀刃中部蹬冰。注意绝不能将重心置于刀的前部开始蹬冰，以免造成身体重心偏前形成严重的后蹬冰错误，而削弱蹬冰力量。

D. 浮腿做协调配合。浮腿加速向前侧摆动，重心移动和蹬冰腿做加速展腿的协调配合动作，使蹬冰角（蹬冰腿的纵轴线与水平面之间的夹角）缩小、使水平分力加大，当浮腿前摆着冰时，则是快速伸膝展腿的最佳时机。蹬冰角可以决定蹬冰的力量效果，理想的蹬冰力曲线是负弦函数。

⑤摆腿动作

在单支撑蹬冰的同时，浮腿做摆动动作，摆腿动作是蹬冰动作的组成部分。具体技术方法如下。

A. 浮腿从后位的矢状面摆向身体重心移动方向。

B. 膝盖领先，以大腿带动小腿摆向身体重心移动的方向（前侧方）。

C. 摆腿时，将大腿前摆置于胸下，使膝部由下垂状态向前上抬起贴近支撑腿膝部。

D. 当摆腿动作即将结束时，尤其强调大腿抬送至胸下和小腿前送刀尖微翘起的动作，此时，应做到两腿、两刀尽量靠近，并将浮脚冰刀放于支撑脚刀前面，以准备用刀后部着冰，则摆腿动作结束。

⑥双支撑蹬冰动作

双支撑蹬冰动作具体技术方法如下。

A. 自浮腿冰刀着冰开始，继续控制体重于蹬冰腿，随重心移动蹬冰角缩小，加快展腿速度，并在结束蹬冰时达到最快速度。

B. 保持冰刀内刃全刃压冰向侧推蹬的蹬冰方向，刀尖指向滑行方向。

C. 充分利用蹬冰腿肌肉长度，使肌肉产生尽可能多的能量，蹬冰距离（幅度）尽量延长，在加快展直腿的过程中作用力总时间相对加长，使蹬冰结束时产生最大蹬冰力量。

D. 蹬冰速度达到最快时，将蹬冰腿充分展直。即在蹬冰结束时，蹬冰腿（膝、踝）关节充分展直，踝关节跖屈，蹬冰腿冰刀蹬离冰面。

⑦着冰动作

着冰动作也称下刀动作，是与双支撑蹬冰动作同步协调完成的，指从浮脚冰刀着冰起，到完全承接体重止的动作。技术方法具体如下。

A. 着冰前浮脚冰刀应尽量靠近支撑脚冰刀并领先1/2刀长的部位，刀尖稍翘起朝着新的滑行方向做好着冰准备。

B. 以冰刀的外刃（或平刃）和冰刀的后半部着冰。

C. 膝盖领先上抬，小腿积极前送，顺势做向前的快速着冰动作。

D. 尽量缩小冰刀的出刀角度，接近直道方向着冰，使新的滑行方向沿直线滑行。

⑧摆臂动作

摆臂动作分单摆臂、双摆臂和背手滑行（不摆臂）。一般单摆臂多用于中长距离，以保持滑行节奏和速度的均匀；双摆臂多用于起跑、短距离和终点冲刺，以提高速度；背手滑行多用于弯道后的直道中，以延长滑步，放松一下。这里重点介绍双摆臂，摆臂时，两臂前后加速摆动，准确协调地配合是良好滑行技术的基础。摆臂力量、幅度要与腿部动作及滑跑速度相一致。两臂摆动有三个位向点，即左（右）臂的前高点、两臂的下垂点和左（右）臂的后高点。前摆时，臂从后高点顺势下落经下垂点加速向前上方摆至前高点，然后，臂从前高点回摆下落经下垂点，接着加速向后方至后高点。

摆臂动作的具体技术方法如下。

A. 摆臂应领先于腿部动作，当腿部动作高速运动时，臂与腿才同步运动。

B. 两臂以肩为轴做独立的加速前后摆动。

C. 前摆至最高点时，手不超过肩高。肘部弯曲夹角在短距离可小于45度，在长距离可在150~170度。

D. 后摆至后高点时，肘与手的动作要求是：短距离肘要保持弯曲状态，肘与肩部大致齐平，手略低于肘部，如后摆过高则摆臂路线会加长而降低摆臂速度；长距离则肘部不能弯曲，手臂在后高点可略超过头部。

E. 两臂贴近大腿摆动，使之与头、支撑腿、躯干成平行摆动方向，以保持平衡。

(3) 弯道滑跑技术

①滑跑姿势

滑跑弯道的滑跑姿势具体如下。

A. 上体动作：上体前倾程度要比直道更接近水平状态。优秀选手上体前倾的水平角男女分别为：长距离为16.5度和14.8度，中距离为15.7度和13.4度。上体放松、团身背弓，成流线型并朝着滑行方向，身体成一线向左倾斜，保持平稳流线型状态。

B. 头部、肩部与臀部动作：在弯道滑跑中，头部要与身体其他部分成直线，并始终要处于整个身体的领先位置；两肩始终保持平行稳定状态，并与离心力方向成一直线（两肩处于半径延长线的平行位置）；臀部始终保持与冰面平行。

②单支撑左腿蹬冰动作

单支撑左腿蹬冰动作指右脚冰刀离开冰面起，到右腿摆动后重新着冰的动作。具体技术方法如下。

A. 保持两肩、臀部与冰面平行稳定状态；大腿和膝部位于胸下，并以左刀外刃牢固咬住冰面；保持后坐使身体重心位于冰刀中部。

B. 展腿时，先展髋，与此同时深屈膝踝（压膝），当浮腿摆经蹬冰腿时，蹬冰腿膝关节开始积极加速伸展。

C. 沿弯道半径延长线向外侧蹬冰，使蹬冰腿肌肉完成最有效的蹬冰。

③右腿摆腿动作

右腿摆腿动作是指自右腿蹬冰结束抬离冰面起，到右腿加速摆动与左腿交叉后至右腿冰刀着冰的动作。具体技术方法如下。

A. 屈膝以膝盖领先摆收右腿，在重力和屈髋、膝肌群内收的作用下，使腿部由外展动作变为内收和前跨动作。

B. 右腿向左腿右前方朝着支撑腿加速摆动。

C. 右腿交叉经过左腿时，右刀跟要贴近左刀尖做交叉跨越动作，以保证左脚侧蹬，并为右脚着冰动作做好准备。

④双支撑左腿蹬冰动作

双支撑左腿蹬冰动作是指自摆动后的右脚冰刀着冰起，到左脚冰刀结束蹬冰离开冰面的动作。具体技术方法如下。

A. 身体重量尽量控制在蹬冰腿上，充分利用体重完成最后蹬冰动作。

B. 将蹬冰刀控制在臀下，用刀刃中部做快速向侧推蹬。

C. 当蹬冰结束时，在膝关节展直的基础上，重心移向冰刀的前半部，使踝关节迅速跖屈，以增加蹬冰腿做功距离和充分发挥肌肉的有效功量。

⑤右脚冰刀着冰动作

右脚冰刀着冰动作是指自右脚冰刀以内刃着冰起，到该腿完全支撑承接体重左腿蹬冰结束冰刀离冰的动作。具体技术方法如下。

A. 着冰点应在支撑脚冰刀左前方（靠近支撑脚冰刀），沿弯道滑行方向（贴近弯道切线方向），使着冰脚冰刀准确地落在重力与离心力的合力点上。

B. 刀尖抬起朝着切线方向，以刀跟内刃先着冰。

C. 右腿以前跨动作使膝部朝着弯道滑行方向，并保持右脚冰刀着冰后的小腿向左倾斜度，顺势着冰。

⑥单支撑右腿蹬冰动作

单支撑右腿蹬冰动作是指自左脚冰刀离开冰面起，到左腿摆动后重新着冰的动作。具体技术方法如下。

A. 右腿蹬冰基本与直道右腿蹬冰动作相同。

B. 左腿蹬冰结束，右腿即刻蹬冰。左腿蹬冰结束时，右腿沿着弯道切线方向滑行开始蹬冰，并逐渐滑离雪线，此时身体重心却沿着另一切线方向移动（冰刀与重心运动方向不同），随右腿滑离雪线，腿部应弯曲（压膝、踝），当左腿摆收到与蹬冰腿成交叉部位时，蹬冰腿应积极展髋、展膝，向侧蹬冰。

C. 整个身体成一线保持向左倾斜平移姿势（两肩、臀部与冰面平行），冰刀以内刃咬住冰面，沿切线方向滑行并沿弯道半径向侧蹬冰。

D. 利用冰刀内刃中部，加速完成侧蹬动作。

⑦左腿摆腿动作

左腿摆腿动作是指自左腿结束蹬冰冰刀蹬离冰面开始，到左腿冰刀着冰的动作。具体技术方法如下。

A. 借助于蹬冰结束时的反弹力和重力在股内收肌作用下摆收左腿。

B. 脚跟抬起，刀尖向下，冰刀几乎垂直于冰面，屈膝、屈髋完成提刀动作。

C. 以膝盖领先大腿带动，沿身体重心移动方向加速摆收。

D. 在摆腿过程中，大腿做向上抬送动作，使刀尖由朝下变为与冰面平行动作。

⑧双支撑右腿蹬冰动作

双支撑右腿蹬冰动作是指自左脚冰刀着冰起，到右腿蹬冰结束冰刀离冰的动作。具体技术方法如下。

A. 展腿达到最高速，右腿快速展直完成蹬冰动作。

B. 保持两肩、臀部与冰面平行移动，随蹬冰腿加速伸展，使蹬冰角达到最小角度。

C. 蹬冰时，右脚冰刀内刃牢牢地咬住冰面，避免在蹬冰结束阶段出现滑脱现象。

D. 采用新式冰刀技术时，当蹬冰结束时，重心移至冰刀前半部，使踝关节跖屈，充分展直蹬冰腿。

⑨左脚冰刀着冰动作

左脚冰刀着冰动作是指自左脚冰刀的外刃着冰起,到左脚冰刀完全承接体重右腿蹬冰结束冰刀离冰的动作。具体技术方法如下。

A. 左腿前送到位。要做到展膝屈踝,将刀尖抬起。

B. 左脚冰刀以外刃、冰刀的后部先着冰。

C. 沿着弯道标记的切线方向着冰,以便向贴近弯道标记滑进,以延长蹬冰距离。

D. 着冰动作要做到前冲、迅速,并与快速结束蹬冰动作配合同步协调。

(4) 终点冲刺技术

终点冲刺是全程滑跑的一部分。在全程滑跑的最后阶段,运动员应努力保持合理的滑跑技术,竭尽全力滑完全程,并以合理有效的冲刺技术触及终点线,完成冲刺。终点冲刺的具体技术方法如下。

①保持正确的滑跑动作和已取得的滑跑速度,注重向侧蹬冰质量。同时,采用双摆臂加快蹬冰节奏。

②以"箭步送刀"的方法结束用冰刀触及终点线的最后冲刺动作。

2. 花样滑冰基本技术

花样滑冰技术有单人花样滑冰技术、双人花样滑冰技术、冰上舞蹈技术三个大类,这里我们重点介绍单人花样滑冰的基本技术。

(1) 基本滑行技术

①冰上站立

两脚稍分开,与肩同宽,平稳站立,冰刀与冰面保持垂直,两膝微屈,上体保持正直(稍前倾),重心落在支撑脚上,两臂在体侧前伸开,自然控制身体平衡,目视前方。

②单足蹬冰、单足向前滑行

准备姿势与双足滑行相同,在蹬冰结束后要保持重心不变和单足向前滑行姿势,蹬冰足放在滑足后,保持身体重心平稳,换脚时,浮足要接近滑足,两臂在两侧自然伸展。

③双足向后滑行

双足成内八字形站在冰面上,足尖靠近,足跟分开,身体重心在冰刀前半部,双膝微屈。开始时双足同时用内刃向后蹬冰。双足间的距离同肩宽时,将双足跟向内收紧,形成双足平行向后滑,同时两膝逐渐伸直,靠拢后再次蹬冰,如此反复进行。

④前外刃弧线滑行

以左足内刃蹬冰，用右足外刃滑出为例，身体向右侧圆弧内倾斜转体，右臂在前，左臂在后，滑足膝部逐渐伸直。换足时右足用内刃蹬冰，左足用外刃着冰，滑出前外弧线。滑膝的伸屈要和两臂及浮足的移动协调一致。

⑤前内刃弧线滑行

以右足滑前内弧线、左足内刃蹬冰为例，右足用内刃向前滑出，身体重心向左倾斜，转体，右臂在前、左臂在后，面向滑行方向，右膝微曲，左足蹬冰后沿滑线靠近滑足前移，逐渐伸直，滑足膝部逐渐伸直，换足时右足用内刃蹬冰，左足用内刃滑出。

⑥后外刃弧线滑行

双足平行站立，两肩和臂平放，面向滑行的方向，用右足后内刃蹬冰，两臂动作协调配合，右臂用力向后滑行方向摆动，左臂在前。右足蹬冰后迅速放在滑足前，左做后外刃弧线滑行，当滑行到弧线一半时头向圆内，上体随着向外转动，浮足靠近滑足移向滑线前，上体姿势不变。然后再做右后外弧线滑行。

⑦后内刃弧线滑行

双足平放在冰面上，背向滑行方向，两臂伸向身体两侧，用右足蹬冰，左后内刃做弧线滑行，右臂在前，左臂向滑行方向用力摆动，右足蹬冰后迅速放在滑线后，滑至弧线的一半时，浮足向滑足靠近，上体均匀缓慢地向圆内转动，浮足伸向滑线前，上体保持姿势不变。换足继续滑行，方法同上，方向相反。

⑧急停

在滑冰项目中，急停不仅可以避免在练习时受伤，还可以在表演节目的段落和结束时，增强表演的效果。

A. 双足向前内刃急停：在向前滑行时，突然将足尖靠近，足跟分开，身体重心后移，两腿微屈，双膝靠近，形成用双足冰刀内刃向前刮冰的急停动作。

B. 单足前外刃急停：在向前滑行时，突然用右或左足前外刃做横向刮冰急停动作，身体稍向后倾，另一足离开冰面。

（2）基本旋转技术

在花样滑冰中，旋转动作是重要技术内容之一。一般情况下，大多数人习惯于向左的逆时针方向旋转，也有少数人能掌握左右两个方向的旋转。这里主要介绍向左逆时针方向的旋转。

①双足旋转

双足旋转是由两只脚支撑冰面的旋转动作，它是旋转动作中难度较小的一种。具体技术方法如下。

A. 双足直立旋转：原地直立，双足分开与肩同宽，左臂在前右臂在后，双膝微屈。旋转开始时，左臂带动左肩用力向左后摆动，右臂带动右肩用力向前摆动，双膝同时迅速伸直，使整个直立的身体形成一个旋转的轴心和两个相反的转动力，此时便形成了左后内刃—右前内刃的双足直立旋转。在旋转开始的前几圈，两臂呈对称侧平举姿势，以控制身体平衡和转动轴心。此后可收回两臂于胸前，以缩小旋转半径，加快旋转速度，在旋转结束时，伸开双臂，减缓旋转速度，用右后外刃或左前外刃弧线滑出。

B. 双足直立交叉旋转：从双足直立旋转开始，在起转后，左足经右足前方，顺旋转方向滑至右足前外侧，形成双腿和双足交叉姿势，用右后外刃和左前内刃成对称的双足交叉旋转姿势，足尖靠近足跟分开。其他要求同双足直立旋转。

②单足旋转

单足旋转是由一只脚在冰面上旋转的动作。具体包括以下几种技术方法。

A. 单足直立旋转：先滑一右后内弧线，浮足在后远离滑足，右臂在后左臂在前，起转前右足用力蹬冰，将身体重心移向左足，左足滑前外刀齿制动，成后内刃转动，右足伸直摆到右前方，开始两臂侧举，待重心稳定后，两臂和浮足再靠拢身体加快转速，身体重心始终保持在冰刀的前三分之一处，结束时两肩臂侧举、左脚蹬冰、右脚用后外刃滑出。

B. 单足直立快速旋转：在旋转时将右足收回，沿左腿前外侧由膝部向下滑动，使两脚形成交叉状，缩小旋转半径，加大旋转速度。

C. 单足直立反旋转：在完成右前内—右后外3字转体后，立即用右后外刃在原地做旋转动作，两臂动作呈侧平举姿势，左浮足在左前外侧，当旋转重心稳定后，收回两臂和浮足，加快旋转速度。也可将左足和左腿交叉放在右腿滑足前外侧。结束时以右后外刃或左前外刃弧线滑行。

③跳接旋转

跳接旋转是将跳跃动作与旋转动作结合为一体的旋转动作。具体包括以下两种技术方法。

A. 跳接蹲踞旋转。开始时，用左前外刃起跳，上体保持直立，当用刀齿制动起跳时，滑腿膝部弯曲，两臂由左右前方同时向上摆动，右腿经侧后方向前摆动，左腿在空中形成蹲踞姿势，当身体向下落时，应尽快将左足向下伸直，用刀齿触冰，然后再过渡到左后内刃上，此时右腿顺势向旋转方向自然摆动，左腿迅速下蹲，两臂收至胸前，形成蹲踞旋转。结束动作同其他旋转动作。

B. 跳接反蹲踞旋转：开始时，同跳接旋转技术基本相同。起跳后，右腿在侧后方摆动向前，并尽快弯曲成蹲踞姿势，同时左腿迅速向前外侧伸展，两臂向前外方向自然伸展，保持身体平稳，身体下落时，迅速将右腿向下伸直，用刀齿触冰后下蹲，左腿向旋转方向摆动，两臂收至胸前，形成右后外刃反蹲踞旋转动作，结束动作同其他旋转动作。

（3）基本跳跃技术

跳跃技术动作是滑冰中很重要的技术动作。起跳方式分为单足刃起跳和点冰跳两大类，主要的跳跃动作有华尔兹跳、阿克谢尔跳、鲁卜跳、沙霍夫跳、点冰鲁卜跳、菲力普跳等，不同跳跃技术难度不同，同一跳跃也因在空中转体周数不同而有所差别，周数越多，难度也越高。但不管是哪一种跳跃技术，都包括以下几个技术环节。

①准备：这一阶段是从滑腿屈曲开始到起跳前为止，包括从运用滑行技术来增加速度的助滑到起跳前缓冲。跳跃的准备阶段是为增加起跳的效果做好充分准备，主要技术有滑腿屈伸与四肢预摆的配合。

②起跳：由身体重心从最低点开始到滑足即将离冰结束，包括四肢下摆、上摆、滑足蹬直制动和预转的技术配合。

③空中动作：由冰刀离开冰面开始到冰刀触冰结束，包括收回四肢（加速转）、展四肢（减速转）、转体技术及其配合。

④落冰：由落冰足触到冰面开始到身体重心降至最低点为止，包括深屈滑腿和展四肢的技术。

只有充分地掌握好以上各阶段的技术，才能更好地完成各种跳跃动作。

二、滑雪运动

（一）滑雪运动概述

1. 越野滑雪运动

越野滑雪起源于北欧，故又称北欧滑雪。据史料记载，1226年挪威内战时期，两名被称为"桦木腿"的侦察兵，怀藏两岁的国王哈康四世，滑雪翻越高山，摆脱了敌人。现挪威还每年举行越野马拉松滑雪赛，距离35英里，与当年侦察兵所滑路程相同。

目前，越野滑雪在全世界范围内开展广泛，主要是在欧洲、亚洲、北美洲、南美洲、澳洲等60多个国家和地区开展起来。其中挪威、瑞典、芬兰、俄罗斯、意大利等欧洲国家的运动水平始终处于领先地位，亚洲多数国家处于中游或中下游水平。随着亚洲国家对滑雪项目的重视和近年来滑雪运动竞技成绩的不断提高，亚洲部分国家越野滑雪的运动水平也逐渐向欧洲强国逼近，在个别项目上已经与欧洲运动员共享金牌。

2. 高山滑雪运动

高山滑雪起源于北欧的阿尔卑斯地区，故又称阿尔卑斯滑雪。高山滑雪是在越野滑雪基础上逐步形成的。

目前，高山滑雪的规范竞赛项目有滑降、超级大回转、大回转、回转、全能等。高山滑雪的技术种类很多，如不同的滑降技术，多变的转弯技术，应急的加速、减速、停止技术，惊险的跳跃技术及特殊技术等。

学生应根据自身的体育素质、年龄、滑雪基础、场地条件、可投入时间等因素，在老师的指导下选取高山滑雪入门的最优方案。

（二）滑雪运动基本技术

1. 越野滑雪自由技术

（1）蹬冰式滑行

蹬冰式滑行是指运动员在平地或缓下坡地段，两腿按速度滑冰方法蹬动与滑进，双手虽持杖但不使用，只是配合腿部动作而摆动，或将两杖夹在腋下而不摆动。一般地，运动员一腿蹬动后，身体重心必须移到滑行腿板上，使之延长自由滑进距离。上体放松前倾成弧形，以减少空气阻力；膝关节尽量弯曲，增加蹬动时间，小腿与地面夹角以70~80度为宜；注意蹬动方向应与雪板纵轴垂直，出板角度应尽量缩小。蹬冰式滑行适合在平地及缓坡，当滑行速度达到8米/秒以上时运用。蹬冰式滑行具体还可以分为以下两种类型。

①一步一撑蹬冰式滑行

一步一撑蹬冰式滑行在平地、较缓的坡地、短距离加速时均可运用。具体技术方法如下。

A. 双杖推撑的同时，右脚蹬动并移重心至左板。

B. 左脚向前滑进，右脚蹬动后向左板靠拢。

C. 自由滑进的左脚再蹬动，同时开始撑杖。

②两步一撑蹬冰式滑行

两步一撑蹬冰式滑行被广泛应用于平地及缓坡滑行，该滑行技术的特点是容易掌握，节奏性也较强。具体技术方法如下。

A. 右板向前滑进并利用内刃进行有效的蹬动，接着将重心移到左侧板上并承担体重向前滑行，同时两侧杖推撑，但左侧杖的推撑力要大于右侧杖。

B. 连续若干次后，调换至另一侧开始，如此反复。

（2）单蹬式滑行

单蹬式滑行是一种在平地或缓坡滑行时的有效方法。具体技术方法如下。

①用右腿雪板内刃向侧用力蹬动，两杖同时向后推撑。

②蹬动结束后，重心移向左侧板并承担体重向前滑进，与此同时，双杖前摆。

③左板向前滑进一段距离后，重心向右倾，右板着地后，准备再一次蹬动，两杖前摆插地。

④右脚准备再一次蹬动，两杖插入板尖两侧。

（3）登坡滑行

①两步一撑蹬冰式滑行登坡

两步一撑蹬冰式滑行登坡是上坡滑行常用的方法，它适用于不同角度的坡面。具体技术方法如下。

A. 上坡时步频不需要明显加快，由于膝关节弯曲度大，登行效果也好。

B. 两杖用力不同，滑行板侧用力较大。插杖也不对称。

C. 随着坡度的增大，两步一撑第一步滑行距离较短，往往只起到过渡作用。

②交替蹬撑滑行登坡

蹬动及撑杖的配合与"两步一撑蹬冰式滑行"一样，只是两脚的蹬动与滑行方向不同。动作节奏和每步滑行距离应随坡度变化而变化。滑行条件好时，每步的滑行距离应稍长些。

（4）转弯滑行

①身体向弯道圆心侧倾倒。

②内侧板沿弯道切线方向滑进，并时刻调整方向，勿远离圆心。

③外侧板应按弯道的法线方向向外侧蹬动，同时需要加快频率，以便与内侧板相配合，变换转动方向。

（5）滑降

自由技术滑行的滑降技术方法与传统技术的滑降技术方法相同。但因越野滑雪板的宽度与高山板不同，雪鞋后跟部也不固定在板上，速度快时不易控制，容易失去平衡。所以必要时要先控制速度，以防失去平衡。

2. 高山滑雪基本技术

高山滑雪基本技术是指在高山滑雪运动中所涉及的具有共性的基本滑雪动作的技术。高山滑雪基本技术主要包括滑降和转弯两部分。

（1）滑降技术

高山滑雪的滑降技术是指从高处向低处滑下的技术。从板形上可将滑降分为直滑降、犁式滑降和斜滑降三种。

①直滑降

直滑降是指双板平行，面对垂直落下线直线下滑的技术。学生通过直滑降的练习主要应掌握基本滑行姿势，体会速度、滑行感觉及重心位置，提高对不同坡度的适应能力及对雪板的控制能力。直滑降的技术重点是用腿部的屈伸来调节并保持正确的滑行姿势。具体技术方法如下。

A. 双板平行稍分开，体重均匀地放在两腿上，两脚全脚用力。

B. 上体稍前倾，髋、膝、踝关节稍屈，呈稳定的稍蹲姿势，保持随时可以进行腿部屈伸状态。

C. 两臂自然垂放两侧，肘稍屈以协助保持平衡，肩部应始终处于放松状态。

D. 目视前方，观察场地及前方情况，切勿低头看雪板。

②犁式滑降

犁式滑降是雪板呈八字形从山上直线滑下的技术动作。具体技术方法如下。

A. 双膝稍屈并略有内扣，重心在两板中间，两脚跟同时向外展，推开板尾，使雪板成八字形。

B. 眼睛向前看，上体稍前倾，上体、双臂及肩部放松，两手握杖自然置体侧，杖尖朝后方撑地滑行。

③斜滑降

斜滑降是指在斜滑坡上不是沿着垂直落下线下滑，而是用直线斜着滑过坡的技术。具体技术方法如下。

A. 斜对山下站立，肩、髋稍向山下侧转形成外向姿势。上体稍向山下侧倾而膝部向山上侧倾，用双板山上侧刃刻住雪面。

B. 在下滑过程中，时刻把握从山上向下踩住雪板的感觉，上侧板比下侧板向前一些，双板应平行；保持上述姿势并注意两肩的连线、髋的连线和两膝的连线与坡面几乎平行。

C. 身体姿势变化与用刃是协调一致的，共同控制用刃强弱及速度，两臂自然放松，目视前方 8~10 米处。

(2) 转弯技术

高山滑雪的转弯技术是指改变方向的滑行技术。转弯技术大体可分为犁式转弯、双板平行转弯、蹬跨式转弯和跳跃转弯四种。

①犁式转弯

犁式转弯是高山滑雪转弯的基础技术。适用于缓坡、中坡的一般速度，并可适应除薄冰雪面之外的各种雪质。具体技术方法如下。

A. 在犁式滑降姿势的基础上将体重逐渐向一侧板上移动，保持雪板外形不变，进行自然转弯。

B. 单侧腿加力伸蹬时，保持八字形不变，自然形成转弯。立刃转弯也同样如此。无论是移体重、单腿加力伸蹬还是单板加强立刃的转弯都必须注意雪板外形、身体姿势不改变。

②双板平行转弯

双板平行转弯是指两雪板保持平行状态进行的转弯技术。具体技术方法如下。

A. 保持一定的速度进入转弯的准备阶段，提重心、移体重。体重向转弯内侧移，一板内刃、一板外刃蹬雪，滑入垂直落下线。

B. 继续向前屈膝、屈踝，体重移动结束后点杖开始，外、内板的体重比例为 7∶3。

C. 上一个转弯的动作结束阶段和下一个转弯的点杖，踝关节应有蹬实踏实的感觉，身体处于直立状态。利用蹬踏的反作用力与向内倾倒，向斜上方提起体重。

D. 再次滑入向垂直落下线的方向，此时应有骑自行车或摩托车时体重在转弯的内侧、轮胎（雪板）牢牢地抓住地面的感觉。

③蹬跨式转弯

蹬跨式转弯是高山滑雪转弯技术中实用性及实效性都很强的技术动作，又称踏步式转弯。具体技术方法如下。

A. 在双板滑进的基础上弧内侧（右）板稍抬起并跨出，注意左板向弧外蹬出、右板跨出、左板蹬出应同时进行。

B. 外侧板（左）强有力地用刃刻、蹬雪为右板增大了向新的转弯方向的推进力，右腿主要承担体重。

C. 左侧板蹬板结束，重心升高，收板向左侧倾倒。然后双板平行进入新的回转弧。

④跳跃转弯

跳跃转弯是指通过双腿的伸蹬和对地形的利用，两雪板离开雪面进行变向后着雪的转弯技术。跳跃转弯能在20~30度的陡坡上有效地控制速度，改变方向，还适用于在雪质条件较恶劣的情况下和场地条件较差的条件下运用。具体技术方法如下。

A. 借助雪包或自身力量跳起，在空中改变雪板方向或变刃后着地。

B. 雪板蹬出，加大转动速度，注意保持重心位置及落地缓冲。

C. 适时跳跃转弯。起跳、空中动作的进行及调节、落地缓冲、继续滑进等动作应有机和连贯。

第二节 山地运动

一、登山运动

（一）登山运动概述

贯穿法国、意大利、瑞士和奥地利等国家的阿尔卑斯山是现代登山运动的诞生地。其主峰——勃朗峰（在法国境内），海拔4810米，是西欧的第一高峰。据历史记载，法国一位名叫德·索修尔的著名科学家为探索高山植物资源，渴望有人能帮他克服当时不可逾越的险阻——阿尔卑斯山顶峰。1760年5月，他在阿尔卑斯山脚下的沙木尼村贴出了一则告示："凡能登上或提供登上勃朗峰之巅线路者，将以重金奖赏。"但告示贴出后长期未获响应。因此，他每年出榜一次。直到26年后的1786年6月，一位名叫帕卡德的山村医生才揭下了告示，他们经过两个多月的准备，并与在当地山区采掘水晶石的工人巴尔玛特结伴，于当年8月6日首次登上了勃朗峰。

后来，人们把登山运动称为"阿尔卑斯运动"，并把1786年作为登山运动的诞生年，索修尔、巴尔玛特等人则成为世界登山运动的创始人，并得到了国际登山界的公认。

（二）登山运动技术

1. 结绳技术

利用打结使绳索之间、绳索与其他装备之间互相连接的方法，称为结绳技术（或称结绳方法）。结绳技术是登山运动员必须掌握的基本技术之一。绳索是登山中所使用的最重要的装备。结绳只有通过运动员身体与其他物体的相互连接和固定，才能起到辅助行进和保护安全的作用。绳结是否运用得当，直接影响绳索使用的质量和效果。

绳结依其用途不同分为固定绳结、接绳绳结、保护绳结和操作绳结四种类型。

2. 保护技术

为了防止在登崇山峻岭过程中因动作失误而引起意外险情而进行的各种操作，称为保护技术。

在攀登、下降、渡河、救护等技术操作中，为保护安全，需要各种技术同时配合。运动员长时间在岩石或冰寒峭壁、冰雪裂缝、冰坡或岩石滑坡等危险路段进行多次往返行动中，一旦失误，就有滑坠和摔落的危险。在出现上述情况时，应用保护技术可以使险情得以及时控制。即使在未出现险情的情况下，由于行动中有了保护，也会使运动员产生一种安全感。

保护技术分为固定保护、行进保护和自我保护三种。

3. 攀登技术

根据不同的地貌特点，可将攀登技术分为岩石作业和冰雪作业两类。岩石峭壁的攀登技术简称攀岩技术，而攀登岩石峭壁的方法主要有徒手攀登、器械攀登和缘绳攀登三种方法。

4. 下降技术

下降技术的方法有三点固定下降法和利用器械下降两种方法。

（1）三点固定下降法

三点固定下降法是岩石作业下降技术的基本方法，所用工具简单，便于开展。其方法是利用双手、双脚握或蹬牢3个支点，然后移动第4个支点。这种下降法比三点固定攀登更加困难，因此一定要设上方固定保护。

（2）利用器械下降法

主要有下降器下降、单球结下降、坐绳下降和缘绳下降四种方法。

二、山地自行车运动

（一）山地自行车运动概述

美国加利福尼亚州的塔马尔帕伊斯是山地自行车运动公认的发源地，加里·费歇尔、查里·康宁安、基思·班特杰、汤姆·里奇等，常常被尊奉为山地自行车运动的奠基人。每年都有成千上万山地自行车运动爱好者来到这里，朝拜那些勇于挑战传统、意志坚定的运动发起者。这些先驱者把老式的游览用自行车和配有充气轮胎的自行车改造成能够在高低不平的地面上行驶自如的人力车。

山地自行车产生以后，山地自行车比赛也被国家运动协会所接受。1983年举行了美国山地自行车冠军赛，并且在该次比赛中，女子山地自行车水平让世界震惊。

（二）山地自行车运动技术

1. 基本操作技术

山地自行车的基本操作技术主要包括身体姿势、热身、手的姿势、踏蹬技巧、刹车技术以及变速技术这几方面，具体如下。

（1）身体姿势

正确的骑车姿势是：上体较低，头部稍倾斜前伸；双臂自然弯曲，便于腰部弓曲，降低身体重心，同时防止由于车子颠簸而产生的冲击力传到全身；双手轻而有力地握把，臀部坐稳鞍座。

下坡时，身体重心要始终靠后。如果坡度允许，车手胸部的重心应该落在鞍座上。

上坡时，要把重心移到鞍座后部，使双腿获得最大的杠杆作用。同时，上半身放低，要趴在车把上，以固定车位。

（2）热身

大多数车手对运动前的热身运动不够重视，肌肉得不到适当的伸展，在运动中很容易受伤。即使不受伤，运动的效果也很差。骑车是一项锻炼心血管承受能力的运动，热身运动有利于相关肌肉和肌腱做好运动前的准备。先伸展一下身上的肌肉，慢慢地骑行一段时间，然后再逐渐加速，随之增大运动的强度。这样，身体能逐渐地从无氧运动过渡到有氧运动。

（3）手的姿势

手握车把的姿势由车手自己决定，具体来说，手的姿势应该遵循以下几个方面的要求。

首先，轻轻地握住车把，肘部稍微弯曲，肩部放松，后背伸直。

其次，车把不要抓得太紧。不然，上半身会一直处于紧张状态，很容易失去控制，而且手臂也容易感到疲劳。

最后，骑车过程中，拇指和其他几个手指分开成空拳状握住车把，拇指和其他几个手指一起放在车把上面。这样碰到什么障碍物，手会从车把上滑下来。

(4) 踏蹬技巧

脚蹬是用来传送能量的，车手应该掌握能够最大限度地传送能量的踏蹬技巧。这就是曲柄绕中轴转动，脚蹬随之进行环形运动。为了能连续、平稳地把能量传送到动力传动系统，车手应该学会如何连贯地踩动脚蹬做环形运动，不可上下猛踩脚蹬。要想掌握这一技巧，最好的方法是选择平坦的地面，或者在公路上骑车。不过，在自行车越野运动中，要想持续地保持某一节奏是根本不可能的，更不用说保持较快的节奏了。但是，如果自行车的质量较好，车手可以稳稳当当地坐在鞍座上不动，因此也可以保持较快的节奏。

自行车运动的踏蹬方法有自由式、脚尖朝下和脚跟朝下式三种。每种方法都具有其独特的特点，因此，具体应该根据实际情况和需要进行有针对性的选择和运用。

(5) 刹车技术

刹车提供了非常好的制动力，车手只需要一两个手指就能操作刹车装置，锁住车轮，其他三个手指用于握住车把，控制自行车。一般来讲，前闸的刹车效果比后闸好。但是，根据地形和车闸刹车效果的不同，两个车闸应该谨慎使用。在短而急的斜坡上向下骑行，或者在土质疏松的地面上转弯时，除非骑车的技术非常娴熟，尽量不要使用前闸。在下坡的急转弯，需要使用到刹车时，尽量使用后刹车的力量。

(6) 变速技术

变速装置是为更省力、更舒适而设计的，以免除因出力不均而产生的疲劳。变速的时机为上坡、下坡、路面凹凸不平、逆风以及疲劳的时候，也可以说当踩踏感觉吃力时，即为变速的时机。

2. 应对不同地形的骑行技巧

(1) 多石的地面

在岩石较多的地方骑车，平衡性不好把握，自行车很难控制，车手必须运用各种技能，骑在车上的时候要尽量放松，还要学会挑好走的路走。在多岩石的地面上骑车，最好的办法就是要像冲浪一样，随波逐流。下行时根据路况，要放开胆子，凭借着一股冲劲，以较高的速度，迅速穿过去。车速越快，地面也就显得越平坦。但是，在这之前必须仔细研究这里的地形。

在多岩石的地面上骑行，车手会随着自行车左右摇晃，如果距离不是太长，采取俯卧的姿势，站在脚蹬上，降低身体的重心，把自行车控制住。这样，一方面能够比较灵活地使自行车保持平衡，同时双腿还能更好地发挥杠杆作用，使前轮保持平稳。肘部下垂还可以防止前轮上翘。要想改变骑车的方向，车手只需要把身体的重心从一侧移动到另一侧，再轻轻地推动自行车朝着某个方向前进就行了。

（2）沙地

沙地常常让车手望而生畏，但应付这种地形的技巧与铺满碎石和砂砾的地形一样。遇到这种地形，自行车前轮很容易陷在沙里，车手也很难控制自行车前进的方向。大面积的沙地通常很难穿过，车手一般要载着自行车步行前进。但对于面积较小的沙地，车手可以借助较高的车速，成功地穿过去。

进入沙地之前，自行车要达到一定的速度。把链条调到小一号或小两号的飞轮上，同时身体重心后移，减少前轮上的重量，保证前轮不会陷在沙土中。用足力气，保证脚蹬以平稳的节奏转动，以保持自行车前进的速度，同时不要转动车把。这么做的目的是用最快的速度穿过沙地，不至于被沙土困住。如果在其他质地比较硬的道路上遇到沙土，通常沿着路边没有沙土的地方骑过去。比较潮湿的沙地，只要身体的重心不在前轮上，并且用力均匀，一般能够成功地穿越。

（3）泥泞、杂草丛生的地形

在旷野骑车随时会遇到满是泥浆的路面、杂草丛生的地形，车手要有思想准备，也要掌握一定的技巧。

骑车外出不可能总会遇到干爽的天气，要有思想准备，因为随时都会遇到满是泥浆的路面。遇到这种情况，不要回避，要去勇敢地面对。要知道，在下坡或爬坡的过程中，滑倒是不足为怪的，扛着自行车走也是经常的事情。车轮与车架接合的地方很容易积满泥巴，泥巴更是常常粘在轮胎上，致使自行车寸步难行。如果有水，从水中骑过去，可以去掉泥巴，使问题有所缓解。遇到大面积的沙地、泥浆和水时，要保持身体的重心离开前轮，落到鞍座的后部。尽量不要刹车，因为刹车会减少轮胎与地面之间的摩擦力。也不要挺直后背，不然会失去控制。把自行车调到比较省力的齿轮上面，让前轮从沙土、泥浆和水面上方轻轻地"飘"过去。

如果所经过的地方植被比较浓密（例如森林中铺满树叶或小草的地面），自行车骑起来会比较费劲，但一定不要用力太大，以免弄得自己心跳加快，筋疲力尽。有时这种地形还会使轮胎同地面之间的摩擦力减小，车手要像对待泥泞地形一样来对待这种地形。在这种情况下骑车，需要对自行车及其相关部件的操作规程做一些调整。可安装适于在泥泞环境中使用并能增加与地面之间摩擦力的轮胎。

（4）坚硬的地面

在比较硬的地面上骑车最省力，骑起来也最舒服。这种地面就同公路一样，有时候比公路还要好，阻力小，车轮滚动的速度快。但是，如果地面比较潮湿或者上面覆盖着一层砂砾和树叶，这就需要谨慎小心，注意降低和稳住重心，因为，这种地形往往非常滑。

第三节 野外生存

一、野外生存概述

生存是维持生命的所有行为组合。在不同的环境状态下，生存有着不同的含义。生存可以分为社会生存和自然生存两种类型。社会生存是指人类在进化过程中创造一定的文明，在享受社会文明中使各个体生命能够存活和人类种族能够得以延续。

在和平环境中，生存对个体而言是如何提高生活质量，活得安全舒适或更好一些；对群体乃至一个民族甚至整个人类而言是如何与环境和谐相处以求进一步发展的过程。从达尔文论述物种的"适者生存"到现在市场经济条件下的生存理论，都是对小到一个生命个体，大到一个企业，乃至一个国家如何维持下去的诠释。在人类文明遭受破坏，或意外情况使人类远离文明，不得不处于极端恶劣的生态环境下时，生存往往可以简单地理解为"活下去"。这就是自然生存，也就是我们这里所讲的"野外生存"，野外是与居住环境相对应的地域，强调环境的原始性和自然性，尤指那些人迹较少的自然生态环境。因此，我们可以把野外生存理解为：人类在非正常生活的自然环境下，最大限度地维持生命存活力的行为。

"野外生存"是指在远离居民点的山区、丛林、荒漠、高原、孤岛等复杂地形的区域中，没有外部提供生命所赖以维持的物质条件的情况下，个人或小集体靠自己的努力，在不太长的一段时间内，保存生命和维持健康的基本手段和方法。人类生存至今，无不是借助大自然的恩惠以满足衣食住行的需要。尽管人类文明已相当发达，但面对紧张的都市生活，巨大的工作、学习压力，人们又渴望走出这片钢筋水泥的森林，回归自然，去体验大自然的原始与神秘，磨炼我们渐已消退的意志。它具有较强的挑战性、冒险性、趣味性和实用性等特点，能充分展现团队合作精神和个人创造性，因而引起了大学生浓厚的兴趣。野外生存训练作为一种新的教学模式，已逐步走入高校体育课堂，国内已经有多所高校不同程度地开展或准备开展野外生存生活训练课程。这种新的尝试和改革将对创新传统体育课教学的手段与方法、丰富和完善我国高校体育课的课程体系起到积极推动作用。参加野外生存生活训练，不仅可以帮助人们重新认识自我、挖掘自身潜能，而且能够唤起人们面对困难和挑战的勇气，同时通过在活动中提高环保意识，使人们更深切地体会到爱护大自然和保护大自然的重要性。

由于野外生存训练使参与者获得身心上的巨大收获，同时也增强了人们对社会和环境的适应能力，人们的道德也随之日臻完善。所以，这项活动目前有着比较好的口碑，也越来越受到各界人士的重视，越来越多地为人们所喜爱。

近些年来，人们开始意识到了社会文明给人类带来的负面影响，人们开始走出户外，扑进了大自然的怀抱，自发的和有组织的户外探险和野外生存活动已真正开展起来，几乎每个省市都有了自己的户外运动俱乐部。在大学里，户外协会等社团也蓬勃发展起来。在全国，参与野外活动的人数更是以几何速度增长。伴随着我国人民小康生活的逐步实现，野外生存这种集旅游、休闲、运动、探险于一体的活动必将成为现代人的一种时尚。野外生存不再仅是一个单一的训练科目，也将逐渐成为有着广泛群众基础的户外运动项目。

二、野外生存技能

（一）野外取水

在野外，水在所有维持生存的物质中是最重要的，没有水就没有生命。如果缺乏食物，在一定的条件下人可以继续维持生命；但是，如果缺乏水，人在几天时间内就会死亡。因此，在野外时，除了随身携带少许水之外，在生活环境中寻找水源是非常重要的。

1. 野外水源

野外的水源有很多，具体有以下几种。

（1）地面水

地面水包括江、河、湖、塘、小溪，甚至较大的水坑等，为野外生存的常用水源。但因其直接暴露在外，一般混浊度大，且易受粪便、污水、农药、工业废水的污染。如作为饮用水源，必须对水进行净化与消毒。同时还应注意该水源是否处于疫区，如血吸虫病等流行区，取水时一定要加倍小心。

（2）地下水

地下水由于经过砂层土壤过滤，水质在野外水源中是最好的，特别是深层地下水（深水井、泉水）大都可直接饮用。

（3）降水

降水本身是洁净的，但在降落过程中，特别是初期易受到大气微生物、各种工业废气、农药、有毒化学物品及各种有害悬浮物的污染，加之收集困难，受时间限制，因此一般很少作为可用水源。

（4）植物

仙人蕉（野芭蕉）的芯、储水竹的根、瓶树（纺锤树）的茎、高大的旅人蕉的叶柄、野山葡萄的藤和桦树汁等，在口干舌燥时都能解渴。另外，各种野山果、许多树木花草、大多数藤科植物都含有液汁。在将其砍断或剥皮吸吮前一定要尝尝有无苦涩或腥辣异味，看其他动物是否食用，以防中毒。

（5）动物

一般动物的血都可以直接饮用，在电影、电视中我们看到干渴的士兵生饮马血、羊血的镜头。在书中我们读过饮用马尿，还有自身小便的文章。在野外不少鲜活的蛇类、蛙类、鸟类都可以剥皮后嚼碎其肉取汁解渴。另外一些昆虫如蝉、蚂蚱、野蚕、无毒的蛾，其汁都可作为水分补充。

2. 野外找水

在野外找水有听、嗅、看三种方法，具体介绍如下。

（1）听

流水声、滴水声一般在岩石上面和岩石下面；在水中生活的动物，如蛙声、水鸟声。

（2）嗅

泥土的腥味、水草味。

（3）看

地面潮湿、水位较高，秋天早上有雾处，周围特别炎热，但这个地方特别凉，地下水位高，冬天先有霜处、春天解冻早处、冬天解冻晚处；常长在有水的地方的植物，如水杉、梧桐树、金针、胡杨、柳树、马兰花等；动物：蜗牛、大蚂蚁窝、燕子窝附近；山谷有薄雾水汽重；有些植物本身就含水，如野刺莓、猕猴桃、桦树汁、仙人蕉的芯、仙人掌等。

总之，寻找水源时，应注意以下线索：多种生长茂盛的植物；大片郁郁葱葱的草地（有水的地方，才有可能出现成片草地）；动物的足迹（往往会通向水源地，许多动物会在拂晓或者黄昏时分出来觅水）；岩石地带的泉水与渗出的流水。

3. 水质鉴别

（1）肉眼观察

水质呈黄色为腐败物污染，水质呈绿色为低价铁污染，水质呈黄棕色为高价铁污染或锰元素污染，水质呈黑色为严重工业污染。

（2）嗅觉

凡被污染不能饮用的水大都有腐败、恶臭、霉变、铁锈或咸腥等异味。

（3）味觉

含有机物污染的水质味甜，含氯化钠污染的水质味咸，含硫酸镁或硫酸钠的水质味苦，含铁污染的水质味涩，含某些农药的水质味辣。

凡以上口味异常、颜色怪异、气味恶心的水均不能饮用。

4. 制水方法

（1）利用太阳能蒸馏器。

（2）利用植物蒸发袋。

（3）严重干旱或沙漠地区取水。

聚集地面所蒸发的水分，天气越热越能得到更多的水。首先，要准备储水的锅或玻璃杯。要尽量找广口的，但如果没有的话，用碎布片及塑胶袋等也可代替，以透明的为好。取水步骤是：

①挖个能被现有的布（如床单等）盖住的圆洞，深度即是圆洞的半径长。首先垂直挖洞壁，然后向中央倾斜。

②在洞的中央放置容器，若以塑胶袋代替时，要将凹处埋进地面。

③用布盖住整个洞，以石块固定住四周。在布的中央，也就是在容器上方的那一点放上小石子，使布的斜度在25~40度之间。使得水滴流向布的尖端，存入容器内。水分凝结成水滴，要1~2小时。如果有由容器到穴外的长管子，就可不必破坏取水装置而喝到水；若没有管子，在取出水后再做同样的装置就可以了。

5. 水的净化

在野外，我们找到的水不一定都是干净的。山区的水也可能被污染，例如动物的尸体、粪便、寄生虫和重金属离子等。有些水里还可能有大量的细菌和变形虫等原生动物。在极度干渴之际找到水源后，最好不要急于狂饮，应就当时的条件，对水源进行必要的净化消毒处理，以免因饮水而中毒或传染上疾病。当然，在一般情况下，流动的或者水里有鱼类活动的山泉或小溪染病的概率并不大。

（二）野外取火

火在野营生活中必不可少，煮食物时需要火，宿营取暖时需要火，发求救信号时同样需要火。因此掌握野外取火的方法非常重要。

1. 取火方法

(1) 火柴

火柴是最便利的点火工具，可以多携带一些标有"非安全""可以在任何地方划着"标记的火柴，把它们扎成一捆放在防水容器内，防止它们相互摩擦以致自燃，另外也可防止火柴自身变潮。如果火柴受潮，也是有办法补救的。如果头发干燥并且不油腻，可将潮湿的火柴放在头发里摩擦一番，头发产生的静电会使它干燥。另外，通过在火柴上滴蜡可防止火柴变潮。点火时，可用指甲将蜡层剥除。

(2) 使用凸透镜

强烈的阳光通过凸透镜聚焦后，可产生足够的热量点燃火种。其中，取火最为迅速的是照射汽油和酒精，可在1~2秒内点燃火种。放大镜或望远镜以及照相机里的凸镜，都可以代替凸透镜来点燃火种。另外，在手电筒反光碗的焦点上放置火种，向着太阳也能取火。如果在有冰雪的环境下，将冰块加工成中间厚、周边薄的形状代替凸透镜也是可以的。

(3) 击石取火

找一块坚硬的石头做"火石"，用小刀的背或小片钢铁向下敲击"火石"，使火花落到大火种上。一条边缘带齿的钢锯比普通小刀可产生更多的火星。当火种开始冒烟时，缓缓地吹或扇，使其燃起明火。当然并不是任何一块石头都能点燃火种，石头击出的火花必须有一定的热量和持续时间才能点燃火种。

(4) 电池生火

若有电量较大的电池，将正负两极接在削了木皮的铅笔芯的两端，顷刻间，铅笔芯就会烧得像电炉丝一样通红。如驾车旅行的话，可取两根长导线，连在电瓶的正负两极接线柱上。如果没有电线，可以用两个扳手或其他金属工具代替。如导线不够长，可将电池从车中取出，将两根导线末端慢慢接触，短路会产生火花。这时，一块沾了汽油的布是最好的火种。

(5) 弓钻取火

用强韧的树枝或竹片绑上鞋带、绳子或皮带，做成一个弓子。在弓上缠一根干燥的木棍，用它在一小块硬木上快速地旋转。这样会钻出黑色粉末，最后，这些粉末会冒烟而生出火花，点燃火种。

（6）藤条取火

找一根干的树干，一头劈开，并将裂缝撑开，塞上火种，用一根长约两尺的藤条，穿在火种后面，双脚踩紧树干，迅速地左右抽动藤条，使之摩擦发热而将火种点燃。

2. 野外取火注意

在野外可采用打火机取火，也可使用放大镜、冰磨制凸透镜等聚焦太阳光，或使用钻木取火等取火方式取火。自备燃料炉和充足的燃料是最佳选择，不仅可以方便快捷地生火，而且不会对周围环境造成较大危害。但是遇到某些意外情况，就应掌握野外燃火的技巧。

（1）燃火材料

①火种：随身携带的棉花等，应把火种保存在一个防火防潮的容器里。

②引火物：干燥的树枝、树叶等。

③燃料：干枯的大木棍或树干、成捆的干草、干燥的牛粪等。

（2）燃火地点

燃火之前应选择一个良好的地点以满足取暖和安全烹饪食物的要求，同时注意避免引燃其他物品，防止野外森林火灾。

①选择隐蔽的位置。

②把直径2米以内地面上的堆积物清扫干净，直到露出土壤。

③若地面潮湿，就要首先用树木搭建一个平台，上面铺一层沙子或石子。

④在有风的情况下可以挖一个土坑，在土坑内生火。

⑤不要在潮湿或者多孔渗水的岩石附近生火，因为遇热，达到一定温度时，岩石可能爆炸。

⑥准备一桶沙子或水，一旦火势过大可随时扑灭。

（三）野外觅食

1. 野外可食用的植物

（1）野外可食用的植物茎、叶、花

普通夜樱草：分布于较为干旱的开阔原野。体形较高，多叶，有绒毛。叶片呈梭形，叶缘多皱。有时在红色花茎顶端长出大型黄色四瓣花。其根煮熟后可食用，煮食过程中应几次换水以冲淡刺激性气味。

菩提树：树干挺拔，高可达26米，常分布于潮湿林区。叶片大，呈心形，边缘有锯齿，黄花满溢清香簇生。幼叶及尚未伸展的叶芽都可以生食，花可用来泡茶。

蛇麻草：分布于灌木丛林中的攀缘性植物，茎长而扭曲，叶缘有锯齿，呈三瓣。绿色钟形雌花，幼茎剥皮，切成片沸煮可供食用，花可用来泡茶。

(2) 野外可食用的植物根

大部分植物根或块根富含淀粉，但食用时最好将其彻底煮沸。

结结草：平均高30~60厘米，叶呈狭三角形，花穗呈白色或淡紫色；多生于荒野之地或多林地区。浸泡根部以除去苦涩味，烧熟后可以食用。

银草：体小，匍生，叶序上小叶对生，背部呈银白色。顶端细长，花茎上着生单朵黄色五瓣花，多分布在潮湿地带。根肉质可以生食，但最好烧熟后食用。

野豌豆：匍生，高30~60厘米，小叶呈卵形、对生。淡黄绿色、覆瓦状花，多分布于草地、灌木丛或沙地之中。

(3) 野外可食用的植物果实

夏季起始，野生水果或坚果会逐渐成为求生者最主要的食物来源之一。野果有些种类分布很广，甚至能在北方的苔原地区生存。

山楂类：有刺小灌木，分布于灌木丛及野外荒地，羽状叶深缺刻，花枝上簇生白、淡紫或红色小花，秋季结出亮红色浆果，果肉酸甜，可以生食。嫩茎顶端也可食用。

山梨树：在森林或多岩地区很常见，高可达15米，树皮灰色、光滑，复叶对生、边缘有小齿，白色花着生于伞状花萼上。果实簇生，成熟呈橘红色，可以食用，具刺激性酸味。

野桑树：一般高6~20米，卵形叶，有时具深度缺刻，叶腋部生有柔黄花序，浆果呈红褐色，可以生食。广泛分布于温带多林地区。

柿树：分布于东亚和美国南部温暖干燥地带，各地都有引种。高可达20米。叶小、缘呈波纹形，叶梭形，可制茶，富含维生素C。果实为浆果，类似西红柿，黄、红至紫红色，可以生食。

毛栗：高大灌木，多分布于山坡野地。叶呈卵形至心形、革质，边缘有锯齿。棕黄色壳果，富含营养，外被叶状多毛外壳。

2. 野外可食用的动物

动物中蛹、蚯蚓、蚕、蜻蜓、蝉、白蚁、鱼一般可食用。

捕鱼的方法有：钓、筑堤、圈、炸、笼、叉鱼、摸鱼等。

河蟹、螯虾、虾：河蟹平常隐藏在瀑布下的岩石或潺潺溪流中的石块底下，只要发现它们的巢穴，就可捕到很多。如果是湖水、沼池或清澈的河水，可以抓到一些身体透明的小虾，因为其动作敏捷，在水中也很难发现，所以无法用手抓，但使用捕虫网或纱布制成的袋子等来捞，就容易捕获。

抓捕大型的动物既要判断其是否属于凶猛动物，又要判断是食肉动物，还是食草动物，可通过粪便和蹄印来判别，食肉动物的脚印是奇蹄数。狩猎方法有枪猎、犬猎、网猎、套猎、夹猎、伏猎、陷阱猎、箱笼猎、洞猎等。

3. 野炊与野餐

野外活动中利用地形地物修建野炊灶是野外生活很重要的一种技能，是野炊的基础和必备条件。各种炉灶还要根据能寻找到的燃料修建。现今，野外生活可以携带汽油炉、煤气炉等现代化设备，但在不具备这些条件时，须修建简易、实用的炉灶，用以烧水、煮饭等。野炊灶在野外使用时，应特别注意避免发生火灾，建灶时应将灶边杂草等易燃物清理干净，并须有防火措施。使用后要将余火熄灭或用土掩埋，以免留下火灾隐患。

野外生存生活中的野炊野餐，不仅直接影响到活动期间的营养和健康，还能使参与者在操作中学到许多在野外合理摄取营养的知识和野炊本领。

在去野外活动前，首先要准备食品。令人可喜的是，近几年国内的方便食品业发展很快，目前市场上有许多方便食品可供选择，如方便面、火腿肠、罐头、饼干、面包、真空包装的肉制品和蔬菜等。在野外还有许多可食的野生植物、菌类、活的鱼虾，甚至新鲜的山珍野味可以食用。另外，还要准备一些调味品、榨菜等。在野炊时可根据自己携带的各类食品及野外能就地采集的食物，参照以下原则设计野外菜单。

第一，好吃。疲劳、食欲不振时，好吃的食品可增进食欲。

第二，营养。由于野外活动时运动量比较大，每日的热量摄取应不少于300卡，并保证一定的蛋白质类（如鱼类、瘦肉类、豆制品类等）、碳水化合物的补充，这是野外补充体力的重要食品。

第三，简单方便。每个人均能轻易烹调的食品，烹调前处理简单、不费时、调理方便迅速。

第四，不浪费水，不污染环境。

第五，在安全、卫生的前提下可采摘、食用野菜、山菇等，配合经过处理的食品来加工，如咸肉、酱腌菜、灌肠、火腿、干菜等。

第六，配合所携带的炊具来调理。

第七，尽量不要剩余，以免造成浪费。

── 思考题 ──

1. 简述滑雪运动基本技术。
2. 野外找水的方法是什么？
3. 举例说出几种野外可食用的植物。
4. 简述应对不同地形的骑行技巧。

参考文献

[1] 李萍. 运动损伤预防训练研究［M］. 杭州：浙江大学出版社，2021.

[2] 王勇. 户外运动的拓展训练与营销管理［M］. 北京：中国经济出版社，2021.

[3] 常德庆，姜书慧，张磊. 高校体育教学与运动训练研究［M］. 长春：吉林出版集团股份有限公司，2020.

[4] 李欢. 网球运动的教学与训练实践研究［M］. 成都：成都电子科技大学出版社，2020.

[5] 王振洲，赵庆鸽，刘丽君. 运动训练学［M］. 成都：成都电子科技大学出版社，2020.

[6] 李洋，沈凤武，文慧. 运动训练学［M］. 延吉：延边大学出版社，2020.

[7] 李勇. 高校足球运动训练研究［M］. 长春：吉林出版集团股份有限公司，2020.

[8] 韩飞. 网球运动训练技巧与管理方法研究［M］. 北京：中国原子能出版社，2020.

[9] 袁晗. 高校田径运动训练方法与实践研究［M］. 长春：吉林人民出版社，2020.

[10] 何巧红. 大学体育文化与运动训练研究［M］. 长春：吉林科学技术出版社，2020.

[11] 陈小平. 当代运动训练经典理论与方法［M］. 北京：人民体育出版社，2020.

[12] 李鹏举. 高校体育教学创新与运动训练研究［M］. 长春：吉林出版集团股份有限公司，2020.

[13] 杨京. 足球运动训练方法与技巧精要［M］. 长春：吉林人民出版社，2020.

[14] 王帅. 足球运动教学与训练［M］. 哈尔滨：哈尔滨地图出版社，2020.

[15] 刘家涛. 体育运动与康复训练研究［M］. 北京：中国原子能出版社，2020.

[16] 廖玉冰. 网球运动科学化训练［M］. 长春：吉林科学技术出版社，2020.

[17] 徐云美. 篮球运动教学与训练方法［M］. 天津：天津科学技术出版社，2020.

[18] 唐进松, 陈芳芳, 薛良磊. 现代体育运动训练理论与方法探索 [M]. 北京: 中国商务出版社, 2019.

[19] 刘琼. 运动训练的医务监督及退役运动员的社会保障研究 [M]. 长春: 吉林大学出版社, 2019.

[20] 陆霞. 田径运动教学与训练 [M]. 长春: 吉林出版集团有限责任公司, 2019.

[21] 刘杰. 足球运动教学与训练探索 [M]. 北京: 现代出版社, 2019.

[22] 黄武胜. 体育训练与运动心理学研究 [M]. 北京: 中国商务出版社, 2019.

[23] 刘欣然. 篮球运动健身理论与技能训练研究 [M]. 沈阳: 辽宁大学出版社, 2019.

[24] 余丁友. 现代篮球运动教学与训练研究 [M]. 北京: 冶金工业出版社, 2019.

[25] 吴昌文. 体能训练新论探析定向越野运动 [M]. 北京: 中国广播影视出版社, 2019.

[26] 刘洋, 曹国强, 周怀球. 篮球运动多维发展探析与科学化训练 [M]. 北京: 九州出版社, 2019.

[27] 冯婷. 体育运动与训练研究 [M]. 北京: 九州出版社, 2018.

[28] 朱云, 张巍, 胡琳. 休闲体育文化之运动训练教程 [M]. 北京: 中国书籍出版社, 2018.

[29] 顾长海. 现代运动训练理论与实践研究 [M]. 上海: 同济大学出版社, 2018.

[30] 沈建敏. 体育教学创新与运动训练研究 [M]. 北京: 新华出版社, 2018.

[31] 杨卓. 现代运动训练内容分析与创新方法研究 [M]. 北京: 中国商务出版社, 2018.

[32] 李东祁, 张清雷, 史明. 网球运动技战术训练与发展研究 [M]. 北京: 九州出版社, 2018.